中学生营养教育

教师指导用书

（2021）

指　　导	国家卫生健康委员会疾病预防控制局
	国务院妇女儿童工作委员会办公室
	全国学校食品安全与营养健康工作专家组
组织编写	中国疾病预防控制中心营养与健康所
总 主 编	赵文华　张　倩
副总主编	胡小琪　余小鸣

人民卫生出版社
·北京·

图书在版编目（CIP）数据

中学生营养教育教师指导用书 . 2021/ 中国疾病预防控制中心营养与健康所组织编写 . —北京：人民卫生出版社，2022.3（2025.2 重印）

ISBN 978–7–117–32328–4

Ⅰ.①中… Ⅱ.①中… Ⅲ.①营养学 – 中学 – 教学参考资料 Ⅳ.①G633.983

中国版本图书馆 CIP 数据核字（2021）第 227932 号

人卫智网	www.ipmph.com	医学教育、学术、考试、健康，购书智慧智能综合服务平台
人卫官网	www.pmph.com	人卫官方资讯发布平台

中学生营养教育教师指导用书（2021）
Zhongxuesheng Yingyang Jiaoyu Jiaoshi
Zhidao Yongshu (2021)

组织编写：中国疾病预防控制中心营养与健康所
出版发行：人民卫生出版社（中继线 010-59780011）
地　　址：北京市朝阳区潘家园南里 19 号
邮　　编：100021
E - mail：pmph @ pmph.com
购书热线：010-59787592　010-59787584　010-65264830
印　　刷：北京铭成印刷有限公司
经　　销：新华书店
开　　本：787 × 1092　1/16　　**印张：**8
字　　数：139 千字
版　　次：2022 年 3 月第 1 版
印　　次：2025 年 2 月第 4 次印刷
标准书号：ISBN 978-7-117-32328-4
定　　价：40.00 元

打击盗版举报电话： 010-59787491　**E-mail：WQ @ pmph.com**
质量问题联系电话： 010-59787234　**E-mail：zhiliang @ pmph.com**

《中学生营养教育教师指导用书（2021）》

指导委员会

陈君石　中国工程院　院士
吴良有　国家卫生健康委员会疾病预防控制局　副局长
宋文珍　国务院妇女儿童工作委员会办公室　常务副主任
贺连辉　国务院妇女儿童工作委员会办公室　副主任
任发政　全国学校食品安全与营养健康工作专家组　组长

编写委员会

总　主　编　赵文华　张　倩

副总主编　胡小琪　余小鸣

本　册　主编　赵文华

本册副主编　杨媞媞　赵　耀

本　册　编委（按姓氏汉语拼音排序）
　　　　　　毕小艺　曹　薇　甘　倩　高婷婷　胡小琪
　　　　　　贾海先　李　荔　刘开琦　王宏亮　徐培培
　　　　　　许　娟　杨媞媞　余小鸣　张　倩　赵　耀
　　　　　　赵文华

序

儿童时期是人生发展的关键阶段,也是学习健康知识、培养良好习惯、养成健康生活方式的重要时期。儿童健康不仅影响个人的成长和发展潜能,更关乎国家的未来和民族的兴盛。

随着我国经济社会的快速发展和人民生活水平的显著提高,居民膳食结构和生活方式发生了巨大变化,学龄儿童生长迟缓、消瘦等营养不足问题得到了根本改善,微量营养素缺乏得到有效控制。但与此同时,和许多国家一样,我国儿童超重和肥胖率呈快速上升趋势,已成为影响儿童健康和发展的重要公共卫生问题。儿童时期的营养与健康问题往往会持续到成年,亟须采取有效措施。《"健康中国 2030"规划纲要》明确提出要加大学校健康教育力度,将健康教育纳入国民教育体系,把健康教育作为所有教育阶段素质教育的重要内容。2021年,国务院颁布了《中国儿童发展纲要(2021—2030 年)》,将改善儿童营养状况、增强儿童身体素质作为重要内容,并制定了目标和策略措施。为加强中小学的食品安全与营养健康宣传教育工作,教育部成立了全国学校食品安全与营养健康工作专家组。营养教育是塑造儿童健康饮食习惯和良好健康生活方式习惯的重要手段,为更好地落实党中央、国务院对于儿童健康工作的要求,进一步推进学校营养健康教育和营养改善工作,中国疾病预防控制中心营养与健康所组织该领域专家,结合"营养校园""农村义务教育学生营养改善计划"等工作实践,编写了《小学生营养教育教师指导用书(2021)》《中学生营养教育教师指导用书(2021)》,共有 52 节课,每课由教学目标和重点、教学内容、课堂实践与拓展、扩展阅读组成。

新冠肺炎疫情在全球的大流行,进一步提升了人们对健康的重视和对生命的敬畏,也增加了对学习健康知识的渴望和需求。该书的编写委员会由一线工作的老中青三代营养人组成,历时近 3 年时间,听取各方建议,在北京、辽宁、河北、山东、甘肃、浙江、四川、云南、广西部分中小学多次试用并反馈意见后修改完成。真心希望该书能成为各地中小学开展营养教育的教师指导用书,对促进中小学生营养知识的获得、好习惯和好行为的养成有所帮助。

中国工程院院士

2021 年 7 月

前　言

营养是保障儿童生长发育、维护健康的物质基础。中小学阶段是儿童获得营养知识、建立健康习惯、养成终身健康生活方式的关键期。

在国家卫生健康委员会疾病预防控制局、中国疾病预防控制中心的领导和支持下,中国疾病预防控制中心营养与健康所,总结归纳了"营养校园""农村义务教育学生营养改善计划"等项目的实践经验,组织编写了《小学生营养教育教师指导用书(2021)》《中学生营养教育教师指导用书(2021)》。旨在指导和帮助广大中小学生营养健康教育相关领域的教师和工作人员开展营养教育教学工作,通过课堂教学与实践,使中小学生获得科学的、系统的营养健康知识,掌握必要的生活技能,养成良好的饮食行为和健康的生活方式。

《小学生营养教育教师指导用书(2021)》《中学生营养教育教师指导用书(2021)》按照教育部 2008 年发布的《中小学健康教育指导纲要》要求,覆盖小学、初中、高中各阶段,按照年级逐步递进、螺旋上升、有主有次的方式设计了课程内容。全书共 52 课时,其中必讲课 40 课时,为核心内容;拓展课 12 课时,可以按需选择。小学分册共 36 节课,从一年级到六年级,每个年级 6 节课,包括 4 节必讲课和 2 节拓展课;中学分册共 16 节课,其中初中一、二年级各 5 节,包括 4 节必讲课和 1 节拓展课,初三年级和高一、高二年级各 2 节,均为必讲课。

为方便教学,每节课包括教学目标和重点、教学内容、课堂实践与拓展、扩展阅读等四部分。兼顾知识传授和实践应用，便于教师结合各地具体情况开展教学。该书编者由一线工作的"60后"到"90后"几代营养工作人员组成，他们对学生营养教育工作既具有丰富经验与深厚感情，又不乏青春活力与远大志向。

　　本书编写过程中得到了卫生和教育系统中许多专家、学者，基层教育与卫生工作者，联合国儿童基金会等国际组织专家的大力支持，在此表示衷心的感谢！由于本书是首次编写并出版，难免有不足之处，敬请批评指正，以便再版时补充修改。

　　谨以此书，感谢我国中小学教师们为教书育人所做的伟大贡献！

　　谨以此书，献给愿意为中小学生营养教育工作共同努力的教育和卫生工作者们！

总主编

2021 年 7 月

目 录

高二年级

初一年级

第一课　食物是营养的基础（一）

一、教学目标和重点

指导学生了解人体所需的主要营养素种类，掌握三种宏量营养素的生理功能和食物来源，学会认识生活中常吃食物所含的主要营养素，并根据营养素组成合理进行食物搭配，适量摄入具有不同营养价值的食物。

二、教学内容

人类从食物中可以获得多种多样的营养素，这些营养素大约有40多种。其中，人体对蛋白质、脂类和碳水化合物的需求量比较大，这三种营养素称为宏量营养素；对矿物质和维生素的需求量比较小，这两种营养素称为微量营养素。下面我们来了解一下食物中的三大宏量营养素。

（一）蛋白质

蛋白质是人体生长发育必需的营养素，是一切生命的物质基础。蛋白质是我们身体细胞、组织和器官的重要组成成分，我们的肌肉、毛发、血液的主要组成成分都是蛋白质；蛋白质还参与构成各种重要的生物活性物质，例如促进食物消化吸收的酶类、某些激素、维持免疫功能的抗体、携带运送血液中氧的血红蛋白等。

人体内的所有蛋白质都是由20种氨基酸按照不同的顺序连接而成的，这20种氨基酸中有9种是人体内不能合成或者合成速度很慢的，这些氨基酸称为必需氨基酸，我们只能从食物中获得，因此，每天吃足量并且种类丰富的富含蛋白质的食物对于我们的健康是至关重要的。

那么蛋白质从哪些食物来呢？

蛋白质的食物来源可分为植物性食物和动物性食物。

大豆是植物性食物中重要的蛋白质来源，蛋白质含量为 35%~40%，氨基酸组成也比较合理，且含有谷类食物中缺乏的赖氨酸，在体内的利用率比较高，属于优质蛋白质，是生活中物美价廉的蛋白质食物来源。

富含蛋白质的动物性食物主要包括禽畜肉、水产品、蛋类和奶类等。禽畜肉中蛋白质含量较高，鸡肉、鸭肉等禽肉中蛋白质含量为 10%~20%，畜肉中蛋白质主要在瘦肉中，含量为 10%~20%。鱼类中蛋白质含量差异较大，一般为 15%~25%。蛋类含蛋白质一般在 10% 以上，蛋白质生物学价值高。奶制品中富含酪蛋白和乳清蛋白，也属于优质蛋白质，是人体蛋白质的良好食物来源。

因此，每天吃谷类、大豆、蛋类、奶类、肉类尤其是瘦肉都可以补充蛋白质。《中国居民膳食指南（2016）》建议，平均每天应摄入禽畜肉类 40~75g，水产类 40~75g，蛋类 40~50g，奶制品 300g，大豆 25g。不同来源的蛋白质其氨基酸组成也不同，可以提供不同的营养，因此我们要每天摄入多种食物来源的蛋白质。

（二）脂类

脂类分为脂肪和类脂两大类，一般占人体体重的 10%~20%，是人体重要的能量来源。合理的膳食搭配中，摄入总能量的 20%~30% 应由脂类供给。除了提供能量，脂类还具有多种生理功能，例如脂肪是脂溶性维生素的良好载体，可以协助维生素 A、维生素 D、维生素 E 等脂溶性维生素的吸收，还具有维持体温、缓冲防震以保护器官免受损伤等作用；类脂参与脑和神经组织的构成，也是合成维生素 D 的前体。

脂肪是由甘油和脂肪酸按照一定的顺序连接而成。脂肪中的脂肪酸分为饱和脂肪酸、单不饱和脂肪酸和多不饱和脂肪酸。饱和脂肪酸多存在于动物脂肪中,过量摄入对心血管健康不利,会增加患高血脂、高血压等慢性疾病的风险。单不饱和脂肪酸和多不饱和脂肪酸多存在于植物油中,具有调节血脂、改善血液循环、防止动脉粥样硬化和血栓形成的作用。还有一类脂肪酸在自然状态下很少存在,大部分为工业加工制成的,其化学结构与多数脂肪酸不同,称为反式脂肪酸。反式脂肪酸摄入过多会增加心脑血管疾病的患病风险。

我们日常摄入的脂肪,主要来源于食用油、动物的脂肪组织和肉类以及坚果和植物的种子。不同来源的食物含有的脂肪酸种类不同,油茶籽油、花生油、芝麻油等含单不饱和脂肪酸较多,葵花籽油、玉米胚芽油和大豆油等含多不饱和脂肪酸较多,猪油、牛油等动物油脂含饱和脂肪酸比较多,可可籽油、椰子油、棕榈油中也含有较多的饱和脂肪酸,人造奶油、人造黄油、油炸食品等含反式脂肪酸较多。我们要适量并合理的摄入脂肪,每天烹调油的摄入量控制在 25~30g,少吃肥肉、油炸食品以及加工零食、膨化食品和奶油、黄油添加较多的糕点。

肥肉　　　　　黄油　　　　　蛋糕

鱼肉　　　　植物油　　　　牛油果　　　　坚果

(三) 碳水化合物

碳水化合物顾名思义是由碳、氢、氧三种元素组成的化合物,是人体必需的宏量营养素之一,是人类膳食能量的主要来源。各种碳水化合物具有不同的生理功能:葡萄糖是体内直接提供能量的碳水化合物;糖脂、糖蛋白和蛋白多糖等结构中都包含碳水化合物,他们参与构成细胞和多种生理活动;淀粉、糖等碳水化合物具有调节人体血糖的作用;膳食纤维也属于碳水化合物,具有增加饱腹感、促进排便和调节肠道菌群等作用。

食物中的碳水化合物主要来自我们吃的主食,包括面粉、大米等谷类食物,土豆、红薯等薯类食物,以及红豆、绿豆等杂豆类食物。《中国居民膳食指南(2016)》建议,每天摄入谷薯类食物 250~400g,其中全谷物和杂豆类 50~150g,薯类 50~100g。主食除了为我们提供碳水化合物,还含有多种其他营养素,如蛋白质、矿物质和 B 族维生素。我们要吃多种多样的主食,要有意识地多吃粗杂粮,少吃过于精细的主食,更不能因为想要减肥而不吃主食。除此以外,生活中吃的添加糖主要成分也是碳水化合物,摄入过多会对健康产生危害,我们要有意识地减少添加糖的摄入。膳食纤维是一类不可被消化吸收的碳水化合物,全谷物食物、蔬菜水果等富含膳食纤维,多吃有利于胃肠道健康。

(四) 能量

我们身体的基础代谢、食物的消化吸收以及所有的身体活动都要消耗能量,这些能量是由食物中含有的蛋白质、脂类和碳水化合物这三大类营养素提供。我们摄入和消耗的能量都是不断变化的,每个人对能量的需求在一定的范围内波动。如果摄入的能量长期高于消耗的能量,会导致体内脂肪的囤积,造成肥胖;如果摄入的能量长期低于消耗的能量,则会影响人体的基本运行和我们的日常活动。因此,我们要尽量做到食物多样、平衡膳食、吃动平衡,才能保证身体的健康。

三、课堂实践与拓展

判断题

1. 只有多吃鸡蛋才能补充我们每日所需的蛋白质。
2. 吃含脂肪的食物会造成肥胖，我们要尽量不吃含脂肪食物。
3. 碳水化合物就是糖类，多吃糖类会长胖，所以要少吃碳水化合物。

四、扩展阅读

全谷物

生活中我们经常吃的精米、白面都属于精制谷类，为了追求口感和风味，在加工过程中，将谷皮、糊粉层、胚芽分离出去，仅保留了淀粉含量较高的胚乳部分，从而损失了大部分的维生素、膳食纤维和矿物质，导致营养价值大大下降。

全谷物是指未经精细化加工或虽经碾磨/粉碎/压片等处理仍保留了完整谷粒所必备的胚乳、胚芽、麸皮及其天然营养成分的谷物。全谷物保留了天然谷物的全部成分，与精细加工谷物相比，全谷物中保留了更多的B族维生素、矿物质、膳食纤维等营养成分以及有益健康的植物化学物。研究表明，增加全谷物摄入，以及用全谷物代替精制谷物，对于预防2型糖尿病、心血管疾病、癌症和肥胖具有有益作用。

2017年中国"全民营养周"的主题是"食物多样，谷类为主"，号召大家了解全谷物，积极食用全谷物食品。

第二课　食物是营养的基础(二)

一、教学目标和重点

指导学生了解人体所需的主要营养素种类,掌握几种重要维生素和矿物质的生理功能和食物来源,学会认识生活中常吃食物所含的主要营养素,并根据营养素组成合理进行食物搭配,适量摄入具有不同营养价值的食物。

二、教学内容

上一节我们学习了人体必需的三种宏量营养素——蛋白质、脂类和碳水化合物,以及能量。相对于人体需求量较高的宏量营养素,还有另外两类微量营养素——矿物质和维生素,人体虽然对微量营养素需求量较少,但是它们对我们的身体健康有着不可或缺的作用。

(一) 矿物质

自然界中的元素除了碳、氢、氧、氮以外,其余的都称为矿物质。矿物质广泛存在于各种食物中,天然水中唯一含有的营养素就是矿物质。在所有矿物质中,有二十余种对于维持人体正常生理功能起作用,其中,钙、磷、钠、钾、硫、氯、镁这7种元素含量较高,称为常量元素;而其他元素在体内含量微少,称为微量元素。

矿物质与蛋白质、脂类和碳水化合物等营养素不同,它不能在体内合成,必须从外界摄取,因此,我们每天都要从饮食中摄取矿物质。磷、镁、硫等矿物质广泛存在于多种食物,只要我们每日正常饮食,一般不易缺乏。钙、铁、锌等矿物质对于儿童生长发育具有重要作用,一旦膳食不均衡比较容易缺乏,下面我们就来详细了解一下。

1. 钙

钙是人体含量最多的矿物质元素,占成人体重的 1.5%~2.0%。钙是构成骨骼和牙齿的成分,体内的钙离子具有维持神经和肌肉的活动、促进细胞信息传递、参与血液凝固、调节体内酶的活性以及维持细胞膜稳定性等功能。儿童长期缺钙有可能导致生长发育迟缓、骨软化、骨骼变形,严重者会导致佝偻病,出现 O 形腿、X 形腿、鸡胸等症状。奶及奶制品钙含量高,吸收率也高,是钙的良好来源;另外,虾皮、虾米、黑芝麻等食物中钙含量也很高;菠菜等蔬菜中虽然钙含量高,但是吸收率较低。

2. 铁

我们血液中的血红蛋白是运输氧气的主要载体,而铁是血红蛋白的重要组成部分,对于维持体内氧的运送和维持正常的造血功能具有重要作用。另外,铁元素参与维持正常的免疫功能。人体缺铁可能导致缺铁性贫血,进而导致儿童身体发育受阻、体力下降、记忆力和注意力受损、学习能力降低,还可能导致免疫功能障碍。动物肝脏、瘦肉、海产品、木耳、蛋黄等食物中铁含量均比较高,是日常膳食补铁的良好来源。

3. 锌

锌是体内多种酶的组成成分之一,参与体内蛋白质合成、细胞生长、分裂和分化等过程,参与免疫细胞合成免疫因子,还具有维持细胞膜功能、促进脑发育和维持认知功能以及促进创伤愈合等功能。儿童长期缺锌会导致食欲减退、生长发育迟滞、免疫力降低等。锌在食物中广泛存在,扇贝、生蚝等贝壳类海产品,红肉、动物内脏等动物性食物,以及干果、燕麦等都是锌的良好来源。

表 1-2-1　中国 6~17 岁学龄儿童矿物质参考摄入量(DRIs)

营养素		年龄分组						
		6岁~	7岁~		11岁~		14~17岁	
			男	女	男	女	男	女
钙 /(mg·d⁻¹)	RNI	800	1 000		1 200		1 000	
	UL	2 000	2 000		2 000		2 000	
磷 /(mg·d⁻¹)	RNI	350	470		640		710	
钾 /(mg·d⁻¹)	AI	1 200	1 500		1 900		2 200	
	PI-NCD	2 100	2 800		3 400		3 900	
钠 /(mg·d⁻¹)	AI	900	1 200		1 400		1 600	
	PI-NCD	1 200	1 500		1 900		2 200	
镁 /(mg·d⁻¹)	RNI	160	220		300		320	
氯 /(mg·d⁻¹)	AI	1 400	1 900		2 200		2 500	
铁 /(mg·d⁻¹)	RNI	10	13		15	18	16	18
	UL	30	35		40		40	
碘 /(μg·d⁻¹)	RNI	90	90		110		120	
	UL	200	300		400		500	
锌 /(mg·d⁻¹)	RNI	5.5	7.0		10.0	9.0	11.5	8.5
	UL	12	19		28		35	
硒 /(μg·d⁻¹)	RNI	30	40		55		60	
	UL	150	200		300		350	
铜 /(mg·d⁻¹)	RNI	0.4	0.5		0.7		0.8	
	UL	3	4		6		7	
氟 /(mg·d⁻¹)	AI	0.7	1.0		1.3		1.5	
	UL	1.1	1.7		2.5		3.1	
铬 /(μg·d⁻¹)	AI	20	25		30		35	
锰 /(mg·d⁻¹)	AI	2.0	3.0		4.0		4.5	
	UL	3.5	5.0		8.0		10	
钼 /(μg·d⁻¹)	AI	50	65		90		100	
	UL	300	450		650		800	

参考资料:杨月欣,葛可佑.中国营养科学全书:下册.北京:人民卫生出版社,2004.

中国营养学会.中国居民膳食营养素参考摄入量(2013 版).北京:科学出版社,2014.

（二）维生素

维生素是维持机体生命活动必需的微量营养素,但是维生素在体内不能合成,也不能大量储存在体内,只能从食物中获得,因此,我们要每天摄入种类多样的维生素。

维生素大致可以分为两类:脂溶性维生素和水溶性维生素。顾名思义,脂溶性维生素是指不溶于水而能够溶于脂肪和有机溶剂的维生素,这类维生素可以储存在体内而不易排出体外,因此一旦摄入过量可能导致中毒,包括维生素 A、维生素 D、维生素 E 和维生素 K。水溶性维生素是指可溶于水的维生素,包括 B 族维生素(维生素 B_1、维生素 B_2、维生素 B_3、维生素 B_6、叶酸、维生素 B_{12} 等)和维生素 C。

1. 维生素 A

维生素 A 又称视黄醇,是指所有具有视黄醇生物活性的化合物。视黄醇是维生素 A 的最主要代表,主要来源于动物性食物。植物性食物中的类胡萝卜素也可以转化为视黄醇。

维生素 A 是构成视觉细胞内感光物质的成分,与我们的视觉功能密切相关。另外,维生素 A 还具有维护上皮组织细胞的健康、调节免疫功能、抗氧化和抑制肿瘤生长等作用。缺乏维生素 A 会导致暗适应能力下降,更严重的会导致夜盲症或眼干燥症。维生素 A 缺乏还会导致皮肤干燥、免疫力低下、儿童生长发育迟缓。

维生素 A 主要存在于动物性食物,如动物内脏尤其是肝脏、鱼肝油、奶类和禽蛋等。植物性食物中含有可转化为维生素 A 的类胡萝卜素,如西蓝花、菠菜等深绿色蔬菜和胡萝卜、西红柿、辣椒等红黄橙色蔬菜中类胡萝卜素含量较多。

2. 维生素 D

维生素 D 也是一类重要的脂溶性维生素,可以从食物中获得或者在阳光照射下由身体合成。

维生素 D 在体内的主要作用是促进钙的吸收,如果没有维生素 D 的协助,体内的钙也不能正常发挥作用,因此维生素 D 对骨骼和牙齿的健康具有重要作用。另外,维生素 D 与免疫功能、2 型糖尿病等多种疾病的关系也逐渐被证明。维生素 D 缺乏可导致成人患骨质软化症和骨质疏松症,婴儿缺乏维生素 D 会导致患佝偻病。

人体维生素 D 主要是通过皮肤接受紫外线照射获得,阳光照射获得的维生素 D 约占人体内维生素 D 的 80%。研究表明,1 平方厘米的皮肤接受中等强度阳光照射 10 分钟就可产生一个国际单位的维生素 D,因此儿童每天要有足够的户外活动,可以有效降低维生素 D 缺乏的风险。维生素 D 的食物来源相对其他维生素来说较为有限,主要有海水鱼类、肝脏、蛋黄等,而日常食用的谷类、蔬菜和水果中几乎不含维生素 D。那么,生活在日照不充足地区或者冬季无法接受足够阳光照射的儿童,可以在医生指导下有意识的补充维生素 D,如食用维生素 D 强化食品、合理服用维生素 D 补充剂等。

3. 维生素 C

维生素 C 又称抗坏血酸,是一种重要的水溶性维生素。

维生素 C 具有较强的还原性,在体内参与多种重要物质的合成或分解,还具有促进抗体形成、改善铁、钙和叶酸的利用、抗氧化等多种功能。人体缺乏维生素 C 会导致皮下出血、牙龈炎、骨质疏松等。

维生素 C 的主要食物来源是新鲜的蔬菜和水果,如辣椒、西红柿、油菜、卷心菜等蔬菜,酸枣、猕猴桃、樱桃、石榴、柑橘、柠檬、草莓等水果。日常生活中,我们每天应摄入 300~500g 的新鲜蔬菜和 200~350g 的水果,以保证维生素 C 的足量摄入(表 1-2-2)。

表 1-2-2　每 100g 部分蔬菜和水果的维生素 C 含量

单位:mg

食物	含量	食物	含量	食物	含量
大白菜	37.5	柿椒(甜椒)	130.0	樱桃	10.0
小白菜	64.0	芹菜(茎)	8.0	柚子	23.0
菠菜	32.0	黄瓜	9.0	鲜枣	243
西蓝花	56.0	橙子	33.0	猕猴桃	62.0
小油菜	7.0	梨	5.0	草莓	47.0
白萝卜	19.0	苹果	3.0	葡萄	4.0
茄子	5.0	柠檬	22.0	桃	10.0

参考资料:中国疾病预防控制中心营养与健康所.中国食物成分表:标准版.6 版.北京:北京大学医学出版社,2019.

4. B族维生素

B族维生素是一类水溶性维生素,包含维生素 B_1、维生素 B_2、维生素 B_6、烟酸、泛酸、叶酸、维生素 B_{12} 等。

（1）维生素 B_1

维生素 B_1 主要来源于谷类食物的表皮和胚芽,坚果、豆类、动物内脏、瘦肉等也是维生素 B_1 的良好来源。儿童缺乏维生素 B_1 会导致脚气病,主要表现为神经、心血管系统损伤。日常生活中,我们有意识的多吃一些全谷物食物,可以起到补充维生素 B_1 的作用。

（2）维生素 B_2

维生素 B_2 主要来源于动物内脏、蛋黄和奶制品。维生素 B_2 的缺乏常伴有其他维生素的缺乏。儿童缺乏维生素 B_2 会导致生长迟缓、继发性贫血等。

（3）叶酸

叶酸又称维生素 B_9 或维生素 M,也是重要的水溶性维生素。叶酸在体内参与核酸、蛋白质等的代谢过程,参与人体红细胞生成,还具有维持免疫系统正常功能的作用。人体缺乏叶酸会导致巨幼细胞性贫血,孕妇缺乏叶酸可能导致胎儿神经管畸形。

叶酸广泛存在于动物和植物性食物中,例如动物肝脏、鸡蛋、豆类、绿叶蔬菜、水果和坚果等。我们要多吃富含叶酸的食物,预防叶酸缺乏导致的贫血。

矿物质和维生素虽然需要量较少,但是却是人体不可或缺的营养素,不同食物中微量营养素的种类和含量各不相同,我们要尽可能地保证食物多样性,不挑食、不偏食,学会按照人体对营养素的需要量调整自己的日常饮食,才能避免营养素的缺乏,保障身体健康。

三、课堂实践与拓展

选择题

为了预防贫血,生活中,我们应当注意补充富含以下哪些营养素的食物?（多选）

A. 铁   B. 锌   C. 叶酸   D. 维生素 C

四、扩展阅读

(一) 人体维生素缺乏的原因

人体内维生素缺乏的原因有很多,常见的原因主要有以下三种:

1. 维生素摄入不足

主要是由于膳食摄入不平衡导致的某类食物摄入不足导致的,食物运输、加工、烹调或储存方法不当也会导致食物中维生素的丢失或破坏。

2. 吸收利用率低

老人或患有消化系统疾病的人群胃肠功能降低,可能会影响某些维生素的吸收和利用。

3. 维生素需要量相对增高

处在特殊时期的人群,可能对某种维生素的需要量增多,此时如果没有及时调整食物摄入,进行有针对性地补充,就有可能造成维生素的缺乏。

初中生处在生长发育的关键时期,对多种维生素的需要量都比较高,如果出现膳食营养不平衡甚至膳食营养不足,容易造成一种或多种营养素的缺乏,从而影响身体健康和生长发育。

(二) 植物化学物

食物中除了含有各种营养素以外,还含有其他一些对人体有益的物质,这些物质不属于营养素,不是维持人体生长发育所必需的,但是对维护人体健康、调节生理功能具有重要作用,这类物质称为"食物中的生物活性物质"。其中,来自植物的生物活性物质称为植物化学物。

常见的植物化学物有多酚、类胡萝卜素、萜类化合物、有机硫化物等。植物化学物具有多种生物活性,主要表现在:

1. 抑制肿瘤作用

很多有机硫化物、植物雌激素和萜类等植物化学物具有抑制肿瘤生长的作用。

2. 抗氧化作用

类胡萝卜素、多酚、黄酮类、植物雌激素等植物化学物具有抗氧化的作用,从而降低癌症和心血管疾病发病风险。

3. 免疫调节作用

皂苷、有机硫化合物和植酸等植物化合物具有增强免疫功能的作用。

4. 抑制微生物作用

有机硫化合物、异硫氰酸盐等具有抗微生物活性,其中最常见的是大蒜中的蒜素,是一种有机硫化合物,具有很强的抗微生物的作用。

5. 降低胆固醇作用

多酚、皂苷、植物固醇等具有降低血液胆固醇水平的作用。

植物化学物除了具有一系列有益于健康的活性以外,还能为食物增添特殊的感官特点,如辣椒中的辣椒素为食物带来辣味,洋葱和大蒜中的大蒜素具有辛辣风味,西红柿、葡萄中的植物化学物具有鲜艳的色彩等。

植物化学物在食物中含量很低,却具有很多有益身体健康的功能。蔬菜和水果中富含多种多样的植物化学物,研究表明,新鲜的蔬菜和水果对于降低胃肠道、肺、口腔等部位癌症的发生风险都有作用,日常蔬菜水果摄入量较高的人群癌症发病率相对要低 50% 左右。因此,生活中,我们要多吃新鲜的蔬菜和水果,每天选择不同种类、不同颜色的蔬菜和水果。

第三课　如何做到合理膳食

一、教学目标和重点

指导学生了解进入初中阶段后饮食行为的特点和变化，认识合理膳食对青少年健康的益处。掌握各类食物的膳食推荐摄入量，以及初中生如何做到合理膳食。在日常生活中，学会记录一日膳食，改掉不良的饮食习惯。

二、教学内容

（一）初中生饮食行为特点

步入初中阶段的学生，不仅生理和心理会出现明显变化，还会出现饮食行为的发展与改变。首先，这个时期，部分学生开始在校住宿生活，慢慢从家庭依赖转变为同伴网络，新的生活和社会环境如学校、同伴、教师、广告等对青少年饮食行为的影响增强，他们可能会利用对食物的选择来主张自己的独立性。另外，此时的学生有更多的选择权和自主意识，其拥有可自我支配购买食物的零花钱，在校期间的膳食几乎完全由自己决定。

因此，对于正值个人行为的自主发展阶段的学生，活动范围的增加、社会环境的变化、角色的转变等多种因素，都会对其饮食行为的养成产生影响。这个时期，也最容易出现一些不良饮食行为，如不吃早餐、过度节食、经常吃不健康零食、经常吃快餐、尝试饮酒等。

（二）如何做到合理膳食

1. 学会计划膳食，做到食物多样

均衡膳食是青少年生长发育的物质基础。膳食模式不仅影响青少年能量和营养素的摄入，还与营养不足和超重肥胖的发生风险密切相关。建议青少年食物多样，平均每天至少摄入 12 种以上食物，每周 25 种以上。每天的早餐有 4~5 种食物，午餐有 5~6 种，晚餐有 4~5 种。同时，尽量让多种食物做到五颜六色。

2. 一日三餐，规律饮食

青少年应保证一日三餐，定时定量，每餐间隔 4~6 小时。建议餐餐有主食，适当搭配一些粗杂粮，以保证适量碳水化合物的摄入；每餐吃新鲜的蔬菜，每天吃水果，以保证维生素和矿物质的摄入；每天吃鸡蛋，适量吃瘦肉、禽肉、鱼虾和豆制品等食物，以保证优质蛋白质的摄入；每天喝 300ml 的牛奶或适量酸奶，以保证摄入充足的钙。每天也可以吃一小把坚果，如瓜子、核桃等。

3. 知道哪些食物要少吃

生活中，有些儿童常会食用含有较多肉类、油炸食品和含糖饮料的快餐。这些快餐在制作过程中多会添加较多的油、盐、糖等，往往使其能量较高，但维生素和膳食纤维较少，长期食用会导致超重肥胖的发生。建议儿童尽量少吃快餐，如果吃，也应尽量选择少油少盐少糖的食品，少喝或不喝含糖饮料。如果某一餐中食用了含油炸食品比较多的快餐，其他餐次要适当减少食物的摄入，增加新鲜蔬菜水果的摄入。

4. 纠正不良的饮食习惯

不规律进餐、不吃早餐、偏食节食、零食代替正餐、饮料代替水等不良饮食行为可导致青少年能量和营养素摄入不合理，诱发一系列的健康问题，以至于影响其成年期的健康水平。此外，饮酒对青少年的危害远远大

于成年人,由于青少年发育尚未完全,对酒精耐受力低,容易发生脏器功能以及大脑神经发育损害,影响认知和学习成绩。因此,青少年要有意识地纠正自身不良的饮食习惯,做到饮食规律、吃好早餐、不偏食节食、不暴饮暴食、合理选择零食、不喝或少喝含糖饮料、不饮酒。

5. 培养聚餐好行为,坚持分餐制

传统的就餐方式在我国文化习俗中具有重要的社交和家庭意义,但是这种合餐制也会带来一些健康问题,如增加乙肝、幽门螺杆菌感染等疾病的发生风险。因此,为了自身与亲人朋友的健康,建议青少年从自身做起,逐步践行分餐制。用餐时,可以选择类似于西餐或自助餐的就餐方式,如将食物直接分配到每个人的盘子和碗里;也可以配备公筷公勺,用公筷公勺夹、盛食物到自己的碗中。

(三) 11~13 岁儿童各类食物建议摄入量

11~13 岁儿童各类食物建议摄入量

食物类别	谷薯类	蔬菜水果类	鱼禽肉蛋类	乳制品、大豆坚果
推荐的摄入量	谷类 225~250g 薯类 25~50g	蔬菜 400~450g 水果 200~300g	畜禽肉 50g 水产品 50g 蛋类 40~50g	大豆 105g(每周) 坚果 50~70g(每周) 奶及奶制品 300g
搭配建议	最好选择 1/3 的全谷类及杂豆类食物,注意烹调方式	选择多种多样的新鲜蔬菜,深色蔬菜占一半,天天吃水果	优先选择鱼和禽肉,多吃瘦肉,鸡蛋不丢弃蛋黄	每天吃奶制品,包括液态奶、酸奶和奶酪;经常吃大豆及豆制品,如豆浆、豆腐、豆干

参考资料:中国营养学会. 中国居民膳食指南(2016). 北京:人民卫生出版社,2016.

三、课堂实践与拓展

1. 准备材料
家里吃饭的碗、盘子,也可以准备一个称食物的小称。

课堂小实验：

请同学们观察并测量带来的碗、盘子、杯子等的容量，记录一下自己一餐吃了多少、剩了多少。（食物量可参考扩展阅读中的常见食物图谱）

课后操作：

2. 回忆一下昨天全天的饮食摄入，并计算饮食是否满足自身营养需要。

	食物类别	所吃食物重量	调整目标
写下昨天的食谱	谷薯类	谷类_____g 全谷物_____g 薯类_____g 其他_____g	谷类_____g 全谷物_____g 薯类_____g
	蔬菜水果类	蔬菜_____g 深色叶菜_____g 水果_____g	蔬菜_____g 水果_____g
	鱼禽肉蛋类	肉类_____g 水产品_____g 蛋类_____g	禽畜肉_____g 水产品_____g 蛋类_____g
	奶和奶制品、大豆、坚果	大豆_____g 坚果_____g 奶和奶制品_____g	大豆_____g 坚果_____g 奶和奶制品_____g
记录昨天活动或运动		走路_____ 跑步_____ 骑车_____ 其他运动_____	运动_____分钟

四、扩展阅读

（一）初中生一日三餐食谱举例

初中生一日三餐食谱举例

早餐	馒头 1 个(110g)、牛奶一杯(250ml)、煮鸡蛋 1~2 个(75g)、炒白菜 130g
午餐	米饭一小碗(140g)、鱼香肉丝(瘦猪肉 60g、柿子椒 65g、胡萝卜 65g)、醋熘豆芽 80g
晚餐	花卷 1 个(130g)、莴苣炒木耳(莴苣 80g、木耳 20g)、红烧鲢鱼(鲢鱼 60g、豆腐 40g)、二米粥(大米 12g、小米 12g)
提示	培养清淡饮食习惯 每天饮水 1 000~1 500ml,尽量喝白开水,不喝含糖饮料 吃动平衡:鼓励户外运动,每天进行 60 分钟活动,如快跑、骑车、体操、爬楼梯、快走上学等
含钙丰富的食物	奶及奶制品、豆类、虾皮、海带、芝麻酱等
含铁丰富的食物	动物肝脏、血制品、木耳、紫菜、海带、海苔、红肉、深色绿叶蔬菜、大豆
含维生素 A 丰富的食物	黄色蔬菜(如胡萝卜)、猪肝、绿叶菜、奶类、蛋类

参考资料:《学生餐营养指南》(WS/T 554—2017)。

（二）常见食物重量

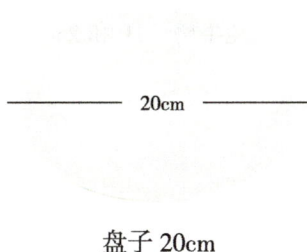

盘子 20cm　　　　　　　　鸡蛋(中等大小,1 个)55g

米饭（1 碗）　110g(生重 50g)

米粥（1 碗）　375g(生重 50g)

馒头（大,1 个）160g(面粉生重 100g)

切面（生）　100g

面包片（1 片,中等大小）　35g

牛角面包　46g

鲜奶　200ml

1L　　　　250ml

纯牛奶　1L 和 250ml

北豆腐　160g

南豆腐　230g

豆腐干（白,1 片）　20g

素鸡　105g

酱肘子　30g

酱牛肉（小,1 块）　40g

虾（1 只）　12g

螃蟹（雄,1 只）　70g

苹果（中等大小,1 个）　260g

香蕉（中等大小,1 个）　150g

西红柿（中等大小,1 个）　200g

圆白菜（1 块）　130g

第四课　读懂食品标签

一、教学目标与重点

指导学生了解预包装食品标签包含的主要信息,养成购买食品前查看食品标签的习惯,学会通过查看食品标签了解食物营养成分组成,掌握合理选择食物的技能。

二、教学内容

(一) 什么是预包装食品的食品标签

我们在超市或小卖部看到的各种袋装、罐装和瓶装的食品都属于预包装食品。不知道大家有没有注意到,在预包装食品的外包装上,通常会有一些文字信息和吸引人的图片,这些信息都属于食品标签的内容。食品标签就是指预包装食品容器或包装上的文字、图形、符号,以及一切说明信息。

(二) 食品标签包含哪几部分

食品标签上会有很多图片和文字信息,在这些信息中,有一些内容是国家规定必须标示的,主要包括食品名称,配料表,净含量,生产者、经销者的名称、地址和联系方式,生产日期和保质期及贮存条件,营养标签,质量等级等(图 1-4-1)。如果我们掌握了这些内容,就可以初步判断这种食品的品质了。下面我们就来了解一下食品标签中最重要的几个内容。

1. 食品名称

食品名称,也就是说这个食品是什么。国家要求食品名称应当标在食品标

```
                              ┌─── 原料
             ┌─ 食品名称        │
             │                 ┌─ 辅料
             ├─ 配料表 ────────┤
             │                 └─ 食品添加剂
             ├─ 净含量和规格
             │
             │                 ┌─ 营养成分表
             │                 │
食品标签 ────┼─ 营养标签 ──────┼─ 营养声称
             │                 │
             ├─ 生产者和经销者名称 └─ 营养成分功能声称
             │
             ├─ 地址和联系方式
             │
             ├─ 生产日期和保质期
             │
             ├─ 贮存条件
             │
             ├─ 食品生产许可证编号
             │
             └─ 产品标准代号及其他
```

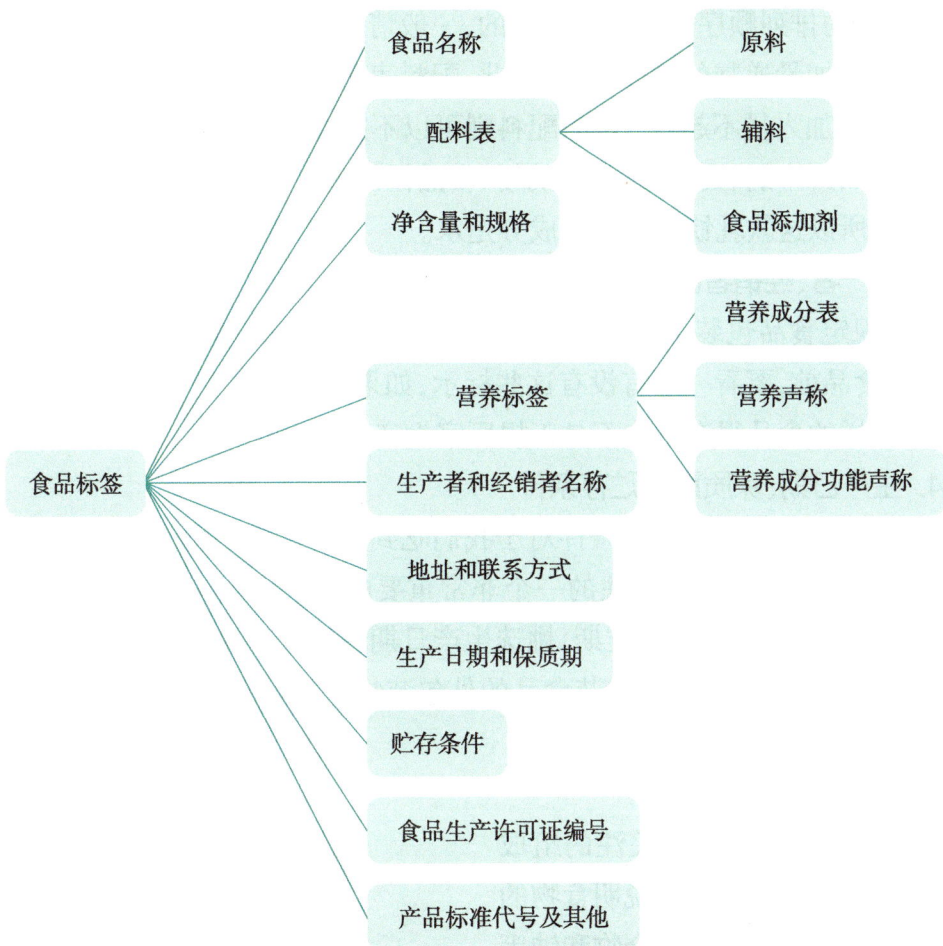

图 1-4-1　食品标签的组成部分

签的醒目位置,并且能够清晰地反映食品的真实属性,例如"××纯牛奶","××薯片",这就是食品名称。但是在日常生活中,我们常常会碰到一些具有迷惑性的产品名称,例如"××品牌鸡片",这个产品从名称看上去很像鸡肉类的食物,但包装内实际的食品却是鸡肉味的饼干。因此,我们在选择包装食品时不能被产品名称的字面意思迷惑,要学会查看配料表等其他信息。

2. 配料表

配料表会显示制作这种食品用到的各种原料、辅料和食品添加剂。配料表中各种原料的排列顺序也是需要注意的,一般情况下,对于加入量较大的各种配料,会按照添加量递减的顺序排列,因此,配料表里第一种成分,是这种食品最主要的成分,而加入量不超过 2% 的配料则可以不按递减顺序排列。例如乳饮料,配料表为水、鲜牛奶、白砂糖、全脂奶粉、食品添加剂。该配料表中位于第一位的成分是水,所以这款乳饮料的主要成分是水。

3. 生产者、经销者的名称、地址和联系方式

国家规定食品包装上应标示生产者和经销者的电话、地址和联系方式。我们在购买食品前,要看一下有没有这些标示,如果发现食品上未按照规定标示这些内容,这样的食品很有可能不是正规厂家生产的,不要购买。

4. 生产日期、保质期和贮存条件

生产日期、保质期和贮存条件对于我们吃到新鲜优质的食品是非常重要的,是我们看食品标签时需要关注的一个非常重要的信息。购买预包装食品之前,要看清食品的生产日期和保质期,挑选生产日期较近的产品购买,过期的食品不建议食用。生产日期一般在包装食品的外包装袋上,是一排数字编码;保质期一般以年、月、日或天为单位。

5. 营养成分表

食品标签里特别值得关注的组成部分就是营养成分表,用于说明食物的能量、蛋白质、脂肪、碳水化合物和钠等营养成分的含量。

营养成分表分为 3 栏:第 1 栏是主要营养成分的名称,国家强制标示的核心营养素有能量、蛋白质、脂肪、碳水化合物和钠;第 2 栏是每 100g、100ml 或每份食物所含主要营养成分的含量,如果标示"每份"食物所含的主要营养素,营养成分表下会对"每份"所指的量进行标注;第 3 栏是上述主要营养成分占营养素参考值(nutrient reference values,NRV)的百分比,一般标注为 NRV%。所谓营养素参考值,是食品营养标签上比较食品营养素含量多少的参考标准,是消费者选择食品时的一种营养参考尺度。

6. 其他标示

除了以上 5 种最重要的标示,预包装食品还会标示净含量、食用方法和致敏

物质等信息,我们要根据自己的不同需要有意识的看一下这些信息。例如,价格类似、包装袋大小也类似的两种产品,净含量可能有较大差别,我们通过查看净含量购买物美价廉的产品。另外,"致敏物质"一项也值得我们格外注意,这里会标注该食品中可能引起过敏的添加成分,有严重过敏或者有明确过敏物质的同学,在购买和食用预包装食品前一定要关注外包装上关于"致敏物质"的标示。

三、课堂实践与拓展

1. 计算题

世界卫生组织建议每天添加糖的摄入量不超过 50g。找一瓶 500ml 的含糖饮料,读一下上面的营养成分表,试着算一下喝光这瓶饮料,你一共摄入了多少克糖,占我们一天糖推荐摄入量的百分之多少?

2. 回家向父母讲解食品标签的相关知识。

3. 周末逛超市时,有意识的看一下各种食品的食品标签,并根据食品标签,选择健康的预包装食品。

四、扩展阅读

(一) 各种营养成分的营养素参考值

中国食品标签营养素参考值(nutrient reference values,NRV)是食品营养标签上比较食品营养素含量多少的参考标准,是消费者选择食品时的一种营养参考尺度相当于一个健康成人每天对能量和营养素的需要量。营养素参考值依据我国居民膳食营养素推荐摄入量(RNI)和适宜摄入量(AI)而制定。

各种营养成分的营养素参考值(NRV)

营养成分	NRV	营养成分	NRV	营养成分	NRV
能量	8 400kJ	碳水化合物	300g	维生素 K	80μg
蛋白质	60g	膳食纤维	25g	维生素 B_1	1.4mg
脂肪	≤60g	维生素 A	800μgRE	维生素 B_2	1.4mg
饱和脂肪酸	≤20g	维生素 D	5μg	维生素 B_6	1.4mg
胆固醇	≤300mg	维生素 E	14mgα-TE	维生素 B_{12}	2.4mg

续表

营养成分	NRV	营养成分	NRV	营养成分	NRV
维生素 C	100mg	钠	2 000mg	锌	15mg
烟酸	14mg	镁	300mg	碘	150μg
叶酸	400μgDFE	钙	800mg	硒	50μg
泛酸	5mg	磷	700mg	铜	1.5mg
生物素	30μg	钾	2 000mg	氟	1mg
胆碱	450mg	铁	15mg	锰	3mg

参考资料:《食品安全国家标准　预包装食品营养标签通则》(GB 28050—2011)。

(二) 什么是食品添加剂及食品添加剂的分类和特点

在预包装食品的配料表中,往往会包含一些食品添加剂,那么什么是食品添加剂呢?《中华人民共和国食品安全法》中这样定义食品添加剂:食品添加剂是为改善食品色、香、味等品质,以及为防腐和加工工艺的需要而加入食品中的人工合成或者天然物质。食品添加剂在丰富食品口感,保持食物新鲜等方面有着不可替代的作用。对于食品添加剂,国家有严格的标准,只要按照国家标准添加,是不会对人体造成损害的。

目前我国食品添加剂有 23 个类别,2 000 多个品种,包括酸度调节剂、抗结剂、消泡剂、抗氧化剂、漂白剂、膨松剂、着色剂、护色剂、增味剂、防腐剂、甜味剂、增稠剂、食用香精等。

1. 防腐剂

防腐剂的主要作用是抑制食品中的微生物(包括细菌、真菌、病毒等)的生长,延长食品的保质期。常见的防腐剂有苯甲酸、苯甲酸钠、山梨酸钾等。

2. 着色剂

配料表中带有颜色的名称,多属于着色剂。国家允许添加到食品中的色素分为天然色素和人工合成色素两大类。天然色素是直接从动植物或微生物中提取的,一般来说对人体是无害的,常见的天然色素有甜菜红、天然 β- 胡萝卜素、姜黄、茶绿、植物炭黑等。人工合成色素是从煤焦油中分离出来的原料制成的,又称为煤焦油色素或苯胺色素,常见的人工合成色素有苋菜红、β- 胡萝卜素、日落黄、亮蓝、二氧化钛等。

3. 甜味剂

配料表里含有"甜""蜜"等名称,多属于甜味剂。甜味剂主要分为人工合成甜味剂、糖醇类甜味剂和非糖天然甜味剂三大类,常见的甜味剂有糖精钠(糖精)、甜蜜素、安赛蜜、山梨糖醇、阿斯巴甜等。值得注意的是糖精是我们最熟悉的甜味剂,是一种人工合成甜味剂,要严格按照规定用量添加。我国规定在糖果和婴幼儿食品中不得添加糖精钠。阿斯巴甜由于不致龋齿、不会引起血糖明显升高而被广泛应用,但需要注意的是,苯丙酮尿症患者不能食用。

(三) 什么是非法添加物

非法添加物是指除食品主辅原料、食品添加剂以外的其他添加到食品中的物质,比如苏丹红、三聚氰胺、吊白块等,在食品中使用就属于非法添加,无论用量多少,对人体都是有害的。

第五课　养成健康的生活方式

一、教学目标和重点

指导学生认识健康与健康生活方式的重要性，了解健康的生活方式有哪些，认识不健康生活方式的危害。主动培养自己良好的行为习惯，学习如何拒绝吸烟或饮酒。

二、教学内容

世界卫生组织指出，不健康的饮食、身体活动不足和吸烟是导致慢性病的重要行为危险因素。近 20 年来，随着我国经济和社会的不断发展，居民健康状况不断改善，但同时也导致了人们膳食结构和生活方式的转变，从而带来新的健康问题。

（一）健康的定义

世界卫生组织把健康定义为：健康不仅是没有疾病和虚弱，而是身体、心理和社会适应性等方面都保持完善的状态。因此，健康是身体、心理、社会适应性等相互依存、相互促进的有机结合。

作为初中生要想保持健康，就需要有良好的生活方式，积极向上的心态和正确的行为表现。

（二）健康生活方式

健康生活方式是指有益于健康的良好生活习惯，是在日常生活中制订并坚持着良好的健康计划，拒绝外界的不良影响，同时对身边人产生积极作用的一种促进自身健康的能力、行为和方式。我们每个人都应该为自己的健康承担主要责任,选择健康的生活方式。

(三)不健康生活方式的危害

不健康的生活方式主要包括:不合理膳食、身体活动不足、睡眠不足、吸烟或饮酒等。对于青少年而言,常见的不健康生活方式有:不吃早餐、挑食偏食、爱喝含糖饮料、常吃不健康零食、常吃高盐高油高热量的外卖、静坐时间长、缺乏体育锻炼、作息时间不规律、吸烟饮酒等。虽然一次或两次的不健康行为不会直接导致疾病或死亡,但是当一种或几种不健康行为成为习惯时,会对机体产生危害,严重影响青少年的健康水平。

不健康生活方式会给青少年的身心健康带来严重影响,不仅影响现阶段身体的生长发育和心理的健康发展,也与成年期慢性疾病的发生发展密切相关。一方面,不健康生活方式可导致膳食不平衡,身体素质下降,增加营养不足、微量营养素缺乏或超重肥胖的发生风险,还可能引起内分泌紊乱、消化系统负担加重、学习能力下降等问题。同时,还会出现焦虑、抑郁、情绪不稳定、不爱与人交往等心理问题。另一方面,不健康的生活方式如得不到有效纠正将持续至成年期,导致超重肥胖、高血压、糖尿病和心脑血管疾病等慢性病在成年期的较早发生,增加成年期的疾病负担。

(四)如何培养健康生活方式

青少年期是学习营养健康知识、养成健康生活方式、提高营养健康素养的关键时期。健康的生活方式是每一位青少年需要从小培养的,而青少年成长中的每一天都是习惯养成的好时机。青少年应学习并掌握的健康生活方式有以下几点:

1. 平衡的膳食

(1)坚持食物种类多样;

(2)多吃新鲜蔬菜水果;

(3)常吃奶类、豆类及其制品;

(4)适量吃鱼、禽、蛋和瘦肉;

(5)少油少盐,清淡饮食。

2. 合理的饮食行为

(1) 学会计划自己的膳食；

(2) 不偏食挑食、不盲目节食、不暴饮暴食；

(3) 不喝或少喝含糖饮料；

(4) 不随意到校外购买流动摊贩食物；

(5) 不吃变质、超过保质期的食品；

(6) 合理选择零食。

3. 充足的身体活动

《中国人群身体活动指南(2021)》建议,6~17岁儿童青少年应每天进行至少60分钟中等强度到高强度的身体活动,且鼓励以户外活动为主;每周至少3天肌肉力量练习和强健骨骼练习。建议所有健康的儿童青少年达到推荐的身体活动量;对于身体活动不足的儿童青少年,采取循序渐进的方式增加身体活动量。此外,对于特殊健康状况的儿童青少年,应依据身体条件选择适合的活动形式和活动量。

4. 拒绝饮酒

(1) 态度明确,坚决对饮酒说"不";

(2) 在面对长辈或同学朋友劝酒时,要坚持自己的立场；

(3) 不因好奇尝试饮酒；

(4) 学会辨别市场上颜色鲜艳、新奇的酒精饮料或酒类。

5. 远离烟草(二手烟)

(1) 不尝试开始吸第一支烟；

(2) 在面对同学朋友诱劝吸烟时,坚定立场,拒绝烟草；

(3) 尽量减少或避免进入吸烟的场所,远离二手烟；

(4) 如果已有吸烟的行为,应立即停止,越早远离越好。

6. 健康的心理

心理健康是指心理的各个方面及活动过程处于一种良好或正常的状态。青少年在成长过程中要充分认识到身心健康的重要性,当出现自责倾向、不自信表现、叛逆、攀比、孤独、以自我为中心等心理问题时,及时与老师和家长沟通。努力做到了解自己、接纳自己、肯定自己,在未来的生活中时刻关注心理健康,争做阳光少年。

(五) 健康拥抱未来

1. 多吃新鲜的蔬菜水果

蔬菜水果中富含膳食纤维、矿物质和维生素,具有提供微量营养素、保持肠道正常功能以及降低慢性病发生风险的重要作用。长时间放置的水果蔬菜会出现部分的腐烂或霉菌,而霉菌是一级致癌物,即使把发霉的部分削掉,霉菌已经遍布在整个蔬果中,还是会有致癌的风险。建议要购买新鲜的蔬果,尽早食用。

2. 保证清淡饮食,少吃外卖与在外就餐

外卖通常具有高油高盐、蔬菜少的特点,以及食物中菌落总数和大肠菌群计数较高等食品安全问题。在外就餐时菜品常常鲜亮好看,且不自觉过量进食,则会摄入较多的能量、脂肪、添加糖和钠。此外,同伴聚餐时出现青少年饮酒行为也更为频繁。建议少吃外卖与在外就餐,拒绝饮酒,多回家吃饭。

3. 坚持规律的身体活动

积极进行身体活动固然好,但是不科学的运动方式反而会给身体带来更大危害。一次大量的高强度身体活动是不能代替其他几天运动带来的健康效益。如果一周中大部分时间是静态活动,而突然进行的高强度身体活动可能会对心脏造成不良影响。建议青少年坚持循序渐进的原则,规律性开展体育锻炼。

4. 减少情绪性进食行为

青少年可能在愤怒、焦虑、悲伤等负性情绪时增加冲动性进食,往往会选择甜食、油炸食品等高盐高油高糖的食物,且容易过量摄入。有人认为吃甜食会缓解负性情绪,令人开心,但实际上这一说法目前是没有科学依据的。反而甜食与油炸食品吃得过多,容易引起体重的增加和龋齿、青春痘的发生,若长期食用高盐

高油高糖类食物可能会引起骨折、糖尿病以及免疫力降低等。

5. 多与家人朋友交流沟通

良好的社会与家庭支持体系对青少年的身心健康十分重要。由于同辈压力、社会环境、叛逆心理和缺乏家庭交流等因素,青少年容易染上烟瘾、酒瘾。这时与老师和家长的沟通可以产生正向的引导作用,与朋友的交流可以舒缓心理压力。因此,青少年可多向身边人寻求帮助,多与家人朋友沟通,避免沉溺于一些不好的行为习惯。

三、课堂实践与拓展

1. 儿童自评营养健康状况

(1) 你的年龄_____、身高_____、体重_____。

(2) 合理膳食都包括哪几条?

_____;

_____;

_____;

_____;

_____。

(3) 你每天身体活动时长是_____。是否充足:_____。

(4) 是否做到不喝酒、远离烟草:_____。

2. 一周的身体活动计划

日期	活动内容	活动时间	是否完成
第一天			
第二天			
第三天			
第四天			
第五天			
第六天			
第七天			

四、扩展阅读

（一）青少年吸烟

1. 吸烟的危害

烟草中含有多种致癌物质，可严重危害人体健康已是不争的事实。与成年人相比，吸烟对青少年身体健康产生的危害往往更加严重。除了主动吸烟，二手烟对青少年健康带来的危害也不容小觑。烟草中的有害物质会直接影响青少年的呼吸系统，降低肺功能，诱发哮喘或呼吸道感染等疾病，还会影响大脑神经发育，甚至造成神经细胞死亡。长期接触烟草中的有害物质会对青少年的多个系统造成不良影响，阻碍智力和身体发育。

2. 如何拒绝吸烟

一是避免主动吸烟行为。在面对同学朋友、家人亲戚递过来的香烟时，直接有礼貌的婉拒，可以微笑着向对方说"谢谢，不吸"。在意识到对方有吸烟的想法时，可适当改变话题，转移一下对方的注意力，借机分散递烟的可能。当面临对方多次的劝诱时，要礼貌且坚定的反复拒绝，坚决不要有伸手接烟的动作。同时，可适当地告诉对方吸烟可严重危害身体健康。

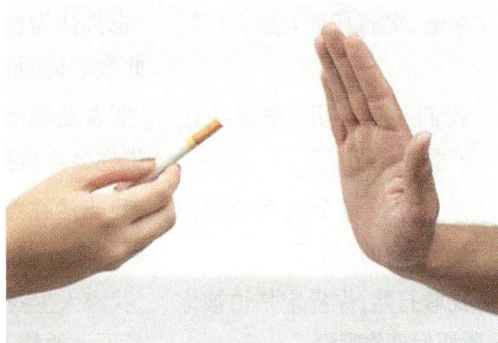

二是远离被动吸烟环境和二手烟。家庭往往是最早的影响环境,不和吸烟的家人亲戚共处同一房间,并及时劝说对方戒烟或到室外吸烟。在社交聚会时,面对多数人的吸烟行为,可找合适的理由暂时走开,开窗通风。外出尽量避开吸烟场所,在遇到吸烟人员时尽量快速通过。

(二) 青少年饮酒

1. 饮酒的危害

由于青少年正处于生长发育阶段,各器官系统发育尚未完全,对酒精的耐受力低,此时饮酒对机体的损害更加严重。即使青少年少量饮酒,其记忆力、注意力、学习能力也会有所下降。酒精对肝脏有直接的毒性作用,损害肝功能;也对胃肠消化功能造成一定伤害。特别是青少年对酒精的代谢能力不完善,轻则导致头痛,重则造成酒精中毒,发生昏迷甚至死亡。

2. 如何拒绝饮酒

一是家庭聚餐时,面对亲戚或家人的劝说应果断拒绝,"我是未成年人,不能喝酒"。或是以白水或茶水代酒,拿起茶杯敬长辈。

二是面对同辈劝酒的压力,可幽默且坚定的拒绝。同时,可向劝酒者讲解酒精的危害,减少饮酒行为的发生(表 1-5-1)。

表 1-5-1　劝酒应对小技巧

诱劝话语	回应策略
"走,我们喝一杯。不会不敢喝吧?"	"勇气是做自己想做并且值得的事情,而不是就为了这句话去喝酒。"
"来吧,喝酒真是太酷了!"	"也许认为自己喝酒很酷,但如果你们足够酷的话,就不需要如此费心证明自己。"
"我们是哥们儿,难道我还会害你不成?"	"朋友是能够接受最真实的你的人。如果你真是我的朋友,我想你会尊重我的选择。"
"你真想让每个人都觉得你是不合群的吗?"	"我当然在意别人对我的看法,但是如果他们以喝不喝酒这种事情去评判我,那么我不在乎他们怎么看。"
"我敢打赌,你肯定是怕被你爸妈发现你喝酒。"	"我家人生我的气也是合情合理的。像这样鬼鬼祟祟做事,像个长不大的孩子,我还怎么能期望他们把我当成大人看待呢?"

初二年级

第一课　保持充足身体活动

一、教学目标和重点

指导学生了解身体活动的健康效益,掌握学生身体活动推荐内容及如何应用,培养应掌握一项运动技能的意识。

二、教学内容

(一)身体活动及推荐量

身体活动(physical activity)是指由骨骼肌收缩引起能量消耗的任何身体动作。就成人而言,包括工作、交通、家务、休闲时间的锻炼。儿童青少年的身体活动包括在学校、家庭和社区中的体育课、课间活动、课外活动、上下学、家务劳动、玩耍、游戏、锻炼等。

身体活动对健康的影响取决于活动的类型、强度、时间、频度和总量多个方面。《中国人群身体活动指南(2021)》建议,6~17 岁儿童青少年应每天进行至少 60 分钟中等强度到高强度的身体活动,且鼓励以户外活动为主;每周至少 3 天肌肉力量练习和强健骨骼练习。

中等至高等强度的身体活动能够促进健康,每天累计 60 分钟中等到高等强度的身体活动是以增进健康、预防慢性疾病为目的的最低日常身体活动目标。大于 60 分钟的身体活动可以提供更多的健康效益。对于那些还没有进行身体活动的儿童,即使开始进行的身体活动尚未达到推荐量,也会给身体带来健康效益。

（二）身体活动的健康效益

研究表明儿童时期适当的身体活动可以增强身体素质、减少脂肪堆积、预防肥胖、降低心血管和代谢性疾病发生风险、促进骨骼关节健康、增强身体协调性，以及促进心理健康。

1. 促进心肺和代谢功能

人体在运动时耗氧量增多，长期锻炼可以使呼吸功能增强。适度增加身体活动量还可以改善心血管供血，增强心脏储备功能。

2. 增强肌肉力量、促进骨骼关节健康

强壮肌肉的活动可以促进肌肉生长，增强肌肉力量。对骨骼形成负荷的身体活动可以使骨骼增粗、骨质坚实。坚持身体活动还可使关节更坚韧、更灵活。

3. 增强神经系统功能

经常进行身体活动可以加强神经系统功能，提高身体协调性。运动后，儿童精神饱满，灵敏性和对外界环境的适应能力增强，有助于学习效率的提高。

4. 促进心理健康

身体活动还可以调节儿童焦虑和抑郁情绪，提高自尊心、自信心和社会适应能力，有利于全面提高儿童心理素质。

5. 预防超重肥胖等慢性疾病

运动时，体内新陈代谢加快及能量消耗显著增加，有助于保持健康体重，预防超重肥胖。有研究表明，如果儿童期就开展身体活动，成人阶段继续开展并保持一定的水平，可能会降低心血管疾病、2 型糖尿病的发病率和死亡率。

（三）如何判断身体活动的强度

身体活动强度是指单位时间内身体活动的能耗水平或对人体生理刺激的程度。分为绝对强度和相对强度，绝对强度国际上通用的单位是代谢当量，相对强度一般使用最大心率百分比或者自我感知疲劳程度表示。

1. 低强度身体活动

低强度身体活动是指引起呼吸频率以及心率的稍微增加，但感觉轻松的身体活动，如在平坦的地面缓慢步行、站立时轻度的身体活动（如整理床铺、洗碗

等)等。

2. 中等强度身体活动

中等强度身体活动是指需要用一些力,呼吸比平时急促,心率较快,微出汗,但仍可以在活动时讲话的活动,如快步走、舞蹈、打羽毛球、手洗大件衣服、拖地等。

3. 高强度身体活动

高强度身体活动是指需要用更多力,心跳更快,呼吸急促,出汗,停止运动后调整呼吸后才能说话的活动,如慢跑、健身操、跳绳、比赛训练或重体力活动,如搬重物、举重等(表 2-1-1)。

表 2-1-1　常见儿童不同身体活动强度判断

身体活动内容	身体活动强度	最大心率*百分比	自觉疲劳程度	"说话测试"
坐姿时安静地玩电脑游戏、看电视、做作业、弹钢琴	低强度	40%~60%	轻、较轻	能说话/唱歌
拖地、爬楼梯、舞蹈、体操、中速走(4km/h,100 步/min)、慢跑(6km/h)、乒乓球练习、羽毛球练习、网球练习、骑车(12~16km/h)	中等强度	60%~70%	稍累	能说话但不能唱歌
跑(8km/h)、跳绳、篮球比赛、足球、跆拳道、游泳	高强度	≥71%	累、很累	说话困难

*最大心率=220−年龄

参考资料:《中国儿童青少年身体活动指南》《中国成人身体活动指南》《ACSM 运动是良医:运动处方临床指南》。

(四) 常见身体活动类型

除了日常活动如学习、交通往来和家务等,我们主动进行的身体活动的类型主要有有氧运动、抗阻运动、柔韧性运动和平衡协调性运动。

1. 有氧运动

有氧运动也称耐力运动,是一种身体大肌肉群(如腿部肌肉群、背部肌肉群)参与的持续性节律运动,可以提高心肺耐力,减少机体脂肪堆积。常见的有氧运动项目包括:步行、慢跑、滑冰、游泳、骑自行车、跳健身舞、做韵律操等。

2. 抗阻运动

抗阻运动又称力量型运动,是克服外来阻力时进行的主动运动,可提高肌肉的力量和质量,还可有效地增加承重骨的骨量和骨力。常见的抗阻运动项目包括利用哑铃、沙袋、弹力带和健身器械等进行的抗阻力运动;也包括对抗自身重力的运动,如俯卧撑、仰卧起坐、引体向上、跳远、跳高等。

3. 柔韧性运动

柔韧性运动是通过拉伸练习、压腿、扭腰等使人体关节活动,促进肩、肘、腕、胯、膝、踝等关节的健康,放松紧张肌肉。

4. 平衡协调性运动

平衡协调性运动指改善平衡性和协调性的活动,如倒走、单脚站立或使用摇摆板。通过平衡协调性活动,可改善人体运动能力,预防跌倒和外伤。

(五) 如何实现充足的身体活动

1. 利用好体育课时间

学生应充分利用在校期间的体育课和课间活动时间,要尽量在户外活动,注意运动安全。天气不好时,可以在室内进行适宜的活动。

2. 掌握一项运动技能

儿童应从小培养运动兴趣,做到能够熟练掌握至少一项运动技能。积极加入一个体育社团,多参加课外体育活动。

3. 将身体活动融入日常生活

学生应把身体活动融入日常生活中。充分利用外出、学习间隙、家务劳动和休闲时间,尽可能地动起来,如上下学步行,增加骑自行车和爬楼梯的机会,减少坐私家车。

4. 减少静坐时间

学生应减少静坐时间。在学校时每个课间都站起来活动,做做伸展运动或健身操,放学后多进行散步、打球等活动。手机、电脑、平板电脑、电视等屏幕使用时间每天不超过 2 小时,越少越好。

5. 实现充足身体活动

学生利用在校和在家等多种场合,通过不同方式实现平均每天累计 60 分钟中高强度身体活动,推荐包括 3 次高等强度活动和 3 次抗阻活动的身体活动,例如:

(1)周一到周五每天快步走上学,往返各 20 分钟(中等强度,有氧,40×5=200 分钟);

(2)周一到周五每天大课间做操或跑步 10 分钟(中等强度,有氧,10×5=50 分钟);

(3)周一到周五有 3 天午休进行跳绳、打球、乒乓球或引体向上等增强肌肉和骨骼的身体活动 10 分钟(中高强度,有氧和/或抗阻运动,10×3=30 分钟);

(4)周一到周五有 3 节体育课,每节体育课进行中高强度的有氧身体活动如跑步、球类活动、仰卧起坐、俯卧撑等 20 分钟(中高强度,有氧和/或抗阻运动,20×3=60 分钟);

(5)周一到周五有 1 次下午球类或舞蹈社团活动,实际活动时间 20 分钟(中高强度,有氧,20×1=20 分钟);周末有 1 次登山或游泳活动 60 分钟(高等强度,有氧和/或抗阻运动,60×1=60 分钟)。

对于没有运动习惯的儿童,运动宜循序渐进,开始时每天运动的时间可以是30 分钟,两周后逐渐增至 60 分钟。

三、课堂实践与拓展

(一) 材料准备

在黑板画出以下表格:

	星期一	星期二	星期三	星期四	星期五	星期六	星期日
在校							

续表

	星期一	星期二	星期三	星期四	星期五	星期六	星期日
在家							
合计中高强度活动时间							
平均中高强度活动时间							
是否达到推荐标准							

（二）课堂练习

请1名学生设计一周的身体活动方案,填入表格,判断此方案是否达到儿童身体活动推荐标准。

（三）课后操作

请学生记录一周在校和放学后的身体活动情况,包括内容、类型、强度、持续时间,判断自己的身体活动是否达到了儿童身体活动推荐标准。

四、扩展阅读

（一）身体活动强度单位

身体活动强度是指单位时间内身体活动的能耗水平或对人体生理刺激的程度。国际上通用的单位是代谢当量(MET,梅脱),1MET=1kcal/ 体重(kg)/ 小时,

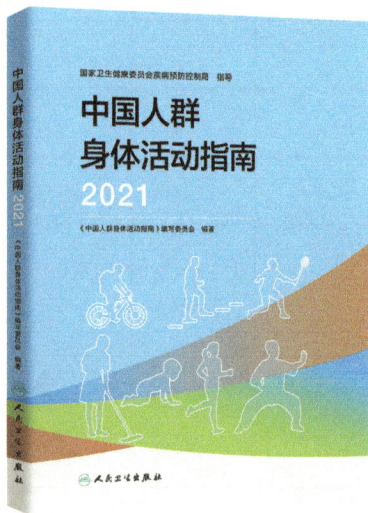

1MET 为静坐休息时的能量消耗率。低等强度身体活动为 1.1~2.9MET,中等强度身体活动为 3~5.9MET,高等强度身体活动≥6MET。

(二)中国儿童青少年身体活动指南

2021 年,《中国人群身体活动指南》编写委员会发布了《中国人群身体活动指南》其中详细说明了 6~17 岁学龄儿童参加身体活动的具体要求,为儿童及家长和老师、儿童健康领域工作者,在开展儿童青少年身体活动时提供借鉴。

指南解释说明了什么是身体活动、身体活动按照强度和类型的分类方法、什么是久坐行为及其危害、身体活动的健康效益、身体活动对心理健康和社会适应能力的影响、儿童青少年每天身体活动的推荐量、如何通过梅脱测量和主观感觉来判断运动强度等内容。

(三)久坐行为的危害

久坐行为是指清醒状态下坐姿、斜靠或卧姿时,能量消耗≤1.5MET 的行为。常见的久坐行为包括电视、电脑、手机、平板电脑等“屏幕使用时间”,坐姿时阅读、画画、写作业,在学校坐姿上课、坐姿乘坐交通工具等。

与身体活动对健康的积极作用相比,久坐行为可以对儿童青少年的健康造成危害。

久坐行为与儿童超重肥胖呈正相关,久坐时间越久,儿童发生超重肥胖的风险越大,而超重肥胖又可以增加儿童 2 型糖尿病、高血压等慢性疾病的发生风险。

久坐行为还可导致儿童运动能力下降。而减少久坐行为对保持健康体重有利,可以使学业表现更好,还可以提高学习能力。

久坐时间久不代表身体活动不足,久坐行为对健康的危害是独立于身体活动的。有研究表明,即使达到了每天 60 分钟中等至高等强度身体活动量,如果久坐时间较长,仍然会对健康产生不利影响。

第二课　合理搭配野餐

一、教学目标和重点

了解野餐的准备过程，学会如何科学合理的搭配食物。

二、教学内容

春暖花开的季节，非常适合和家人、朋友一起去野餐。野餐时自己准备食物不仅更加安全、卫生，还能增强家庭成员或朋友之间的沟通和感情，同时从小培养尊老爱幼、避免食物浪费等优良的品德和良好的行为习惯。

（一）野餐的食物准备

首先要确定天气晴朗，选择宽阔、适宜的场地。其次，要带足野餐需要的物品，比如防水野餐垫、一次性餐具、洁手巾、防蚊虫药品，以及急救用的创可贴、药品等。最后,最重要的一点就是要准备野餐要带的食物。

野餐要准备的食物和在家就餐不同,因为场所、条件等限制,往往没有办法直接烹饪,因此比较好的选择是在家准备好便于携带、新鲜又美味的食物,需要注意以下几个原则:

1. 便于携带和储存

野餐所带的食物首先要便于携带,因此最好选择干燥、有独立包装的食物。带汤的热食在携带时容易洒,不适合野餐时食用。应选择常温下不易变质、不用加热、营养可口的食物,如水果、面包等。

2. 营养搭配合理

野餐时要注意营养的合理搭配,虽然条件有限,但要尽可能地选择多种多样的食物。因此,除了包装好的面包等,也可以选择在家制作三明治、汉堡包、紫菜包饭等食物,不但颜色美观,所含的食物种类也更丰富、更营养。

3. 注意食品安全

因为缺少加热过程,野餐的食物需要格外注意食品安全。蔬菜、水果等一定要清洗干净,需要加工的食物最好在出门当天进行加工,最大限度地保证其安全和风味。在携带三明治这类食物时要注意保鲜,可以采用保温箱、冰袋等措施。

(二) 如何做好营养搭配

1. 食物种类要多样

即使是野餐,也要做到食物种类多样。食物可以分为谷薯类、蔬菜水果类、畜禽鱼蛋奶类、大豆坚果类和烹调油这五大类。在选择野餐食物时,也应该包含谷薯类、蔬菜水果、肉蛋奶类和豆类坚果。

以三明治为例,一份简单的三明治其实包含了三大类食物,分别有全麦面包——谷类,黄瓜、生菜、番茄——蔬菜水果类,火腿、鸡蛋、奶酪——畜禽鱼蛋奶类,一共7种食物。

以紫菜包饭为例,包括米——谷类,菠菜、胡萝卜、黄瓜、海苔——蔬菜水果类,肥牛、鸡蛋——畜禽鱼蛋奶类,芝麻——大豆坚果类,四大类共 8 种食物。

2. 主食要做到粗细搭配

在搭配野餐食物时,还要做到主食的粗细搭配。主食一般指谷薯类食物,富含碳水化合物,为人体活动提供能量。谷薯类食物包括我们常吃的面粉、大米等,在搭配食物时还要增加薯类、杂豆、全谷物等,如土豆、绿豆、玉米、小米等。这些食物可以提供更多的膳食纤维、维生素、矿物质。因此,野餐时全麦面包、罐装低糖八宝粥等都是粗细搭配的好选择。

3. 蔬菜水果要充足

蔬菜水果含有丰富的维生素、矿物质、膳食纤维和植物化学物等,对人体健康有益。但是,不同的蔬菜水果营养价值不同,要选择多种多样的蔬菜和水果,特别是深色蔬菜(绿叶蔬菜、胡萝卜等颜色较深的蔬菜),做到食物多样、合理搭配。

野餐时,大部分水果和某些蔬菜如黄瓜、西红柿等可以清洗干净后直接携带。三明治、汉堡包等食物中也可以加入生菜、菠菜、胡萝卜、圆白菜等蔬菜。

4. 保证奶制品的摄入

奶类可以提供丰富的钙和优质蛋白质,经常喝奶,有利于儿童青少年的骨骼健康。因此建议初中生天天喝奶,每天达到 300~500g。野餐时可以选择盒装常温奶,同时通过户外活动沐浴阳光,还可以促进体内维生素 D 的合成,有利于人体对钙的吸收。

5. 肉类食物要适量

肉类食物可以提供人体所需的优质蛋白质和多种微量营养素。野餐时,由于肉类不便于保存和携带,一般可以选择加工食品,如火腿、肉松等。但是,由于加工肉类食品往往含有较多的食盐和食品添加剂,不建议平时过多食用。

三、课堂实践与拓展

请将班里的同学分组,每 5~6 人一组。每组同学根据今天所学的内容,制订一份野餐需要的物品清单,所带的食物要做到营养搭配科学、合理。

四、扩展阅读

为什么要少吃烟熏食品

烟熏食品通常受到人们的喜爱。但是从营养成分来看,其所含的能量多、盐多,经常吃会增加患超重肥胖、高血压等疾病的风险。尤其是儿童,长期食用烟熏食品会影响儿童的食欲和正餐的摄入。因此不建议儿童经常吃烟熏食品。

食盐的主要成分是氯化钠,我们平常食用的天然食物中都含有一定量的钠。而烟熏食品在熏制和腌制过程中需大量加盐来延长其保存期。研究表明,日常饮食摄入过量食盐是导致高血压发生的重要原因之一。世界卫生组织建议,每人每天食盐的摄入量不应超过 5g。这其中不仅包括炒菜中的盐,也包括了酱油和其他食物中的盐。因此,如果在日常饮食中过多摄入烟熏制品就会不知不觉中增加食盐的摄入,长期吃会增加高血压的发病风险。所以,儿童一定要少吃腌制、熏制食物,养成多吃新鲜食物的习惯。

第三课　好营养防慢病

一、教学目标和重点

指导学生了解哪些营养相关因素会增加慢性病发生风险，掌握如何通过合理膳食预防慢性病的发生，培养健康饮食的意识。

二、教学内容

（一）慢性病危害健康

慢性非传染性疾病（non-communicable diseases, NCDs），简称慢性病，是一类与不良行为和生活方式密切相关的疾病，主要包括冠心病、脑卒中、恶性肿瘤、糖尿病和慢性呼吸系统疾病等。这类疾病起病不易察觉、病程长、病因复杂、不能自愈和极少治愈。根据世界卫生组织统计，慢性病造成每年约四千万人的死亡，占全部死亡原因的 70%，其中心血管疾病造成的死亡约占一半。由慢性病造成的经济损失每年高达数万亿美元，给个人、家庭乃至整个社会的经济带来沉重负担，并且这些疾病负担仍在不断增加。

（二）慢性病与营养有关

慢性病发病率的不断增加主要与四种不健康行为有关：不合理膳食、缺乏身体活动、吸烟、酗酒。在这四种不健康行为中，不合理膳食是影响慢性病发生的最主要因素。随着经济社会的发展，人们的膳食结构逐渐发生了改变，传统的以植物性食物为主的膳食模式更多地被高脂肪、高能量、更多动物性食物的膳食模式所代替。不合理的膳食可导致血压升高、高血糖、高血脂，以及超重肥胖，这些

危险因素会增加心血管疾病、糖尿病等慢性病的发生风险。同时，身体活动越来越少，生活方式逐渐转向更多静态行为。不健康的膳食和生活方式，共同造成了慢性病发病率的不断攀升。

1. 营养素、食物与慢性病

(1) 钠和盐

食盐的主要成分是氯化钠，钠对于维持血容量、血压起着重要作用。大量研究表明，高盐（钠）摄入能够引起血容量增加而引起血压升高，从而增加心血管疾病、脑卒中等慢性病的发生风险，而降低盐（钠）能够降低血压水平。此外，高盐摄入还可以增加胃癌等疾病发病风险。

(2) 饱和脂肪酸和畜肉

在三大产能营养素中，脂肪提供能量的能力最高。大量研究表明，如果摄入较多的总脂肪，特别是饱和脂肪能够增加肥胖的发生风险。动物性食物中的脂肪以饱和脂肪酸为主，且畜肉脂肪通常含量高于鱼肉和禽肉。研究显示，摄入过多畜肉可增加肥胖的发生风险。

摄入较多总脂肪、饱和脂肪酸也会增加心血管疾病、脑卒中和某些肿瘤的发生风险。与畜肉相比，禽肉和鱼肉对心血管疾病具有保护作用，不饱和脂肪酸尤其是 n-6 和 n-3 系列的多不饱和脂肪酸可以降低血脂，预防心血管疾病发生。此外，来自加工食品中的反式脂肪酸也会增加心血管疾病、脑卒中、2 型糖尿病的风险。

(3) 膳食纤维、植物化学物和蔬菜水果

膳食纤维是植物中的一类不被人体消化的碳水化合物。膳食纤维可以增加粪便体积，刺激排便，并能改善肠道菌群构成，促进肠道健康。膳食纤维可调节血糖、预防 2 型糖尿病，且增加饱腹感，有利于控制体重。同时有利于降低血胆固醇，预防心血管疾病。蔬菜水果不但富含膳食纤维，而且是植物化学物的主要来源，植物化学物具有抗肿瘤、抗氧化等多种生物活性，对于促进健康和预防慢性病的发生具有重要意义。大量研究证明，膳食中富含蔬菜水果的人患肥胖、高血压、心血管疾病、脑卒中、糖尿病和许多肿瘤的风险更低。

(4) 添加糖和含糖饮料

添加糖是指在食品加工过程中人工加入的糖，如蔗糖、果糖、玉米糖浆等，不

包括水果、牛奶、蔬菜中天然存在的糖。添加糖是纯能量食物。含糖饮料、甜食是添加糖的主要来源。含糖饮料中添加糖含量较高,一般在 8%~11%,能量密度(指单位重量食物所提供的能量)高,营养价值低,没有或很少含有蛋白质、膳食纤维、维生素、矿物质等营养素,而且饱腹感差,容易在不知不觉中直接增加总能量摄入,进而增加肥胖的发生风险。

2. 膳食模式与慢性病

人类不是从单一食物而是从食物组合中获得营养,食物组合中的营养素、食物与机体之间相互作用,机制十分复杂。因此,从整体膳食结构、各类食物的数量及所占比例,即膳食模式来说明膳食营养与慢性病的关系、进行慢性病的防治更有意义。根据膳食主要的食物来源不同,一般可将膳食模式分为3 类:

(1) 以动物性食物为主的膳食模式

又称西方膳食模式,是多数欧美发达国家的典型膳食模式,这种膳食模式畜肉、加工肉类、黄油、乳制品、精制谷物、土豆和高糖食物消费较多,动物性食物比例较大。西方膳食模式的特点是高能量、高脂肪、高蛋白质(主要是优质蛋白质)、低膳食纤维,而能量过剩、饱和脂肪酸摄入过多容易诱发肥胖、高脂血症、2 型糖尿病、心血管疾病、肿瘤、脂肪肝等慢性病。

(2) 以植物性食物为主的膳食模式

此膳食模式主要见于亚洲、非洲部分国家和地区。膳食以植物性食物为主,富含蔬菜水果、坚果和全谷物,动物性食物较少。能量基本可以满足人体需要,膳食纤维和 B 族维生素充足,动物性脂肪较低,对于降低心血管疾病、2型糖尿病和某些肿瘤等慢性病发病风险有一定的作用,但来自动物性食物的营养素如优质蛋白质、铁、钙、维生素 A 可能不足,易患营养缺乏病。

(3) 动植物性食物平衡的膳食模式

此多以日本居民的典型膳食模式为代表。膳食中动物性食物与植物性食物的比例适宜,植物性食物比例较大,但动物性食物也有适当的数量。日本传统膳食中大米、蔬菜、豆类食物摄入较多,鱼类等海产品摄入也较多,能量较为适中,三大产能营养素供能比例适宜,膳食纤维较丰富。这种膳食模式可在一定程度上减少植物性膳食模式和西方膳食模式的弊端。

(4) 其他

除上述 3 种类型外,还有一些具有其他特点的膳食模式,如地中海膳食模式和 DASH 膳食。地中海膳食模式指处于地中海沿岸的各国的膳食模式,由蔬菜、水果、海产品、谷物、坚果和橄榄油及少量牛肉和乳制品、红酒组成,此种膳食模式有利于降低心血管疾病、2 型糖尿病、某些肿瘤的发生风险。DASH 膳食是美国于 1997 年提出的防治高血压的膳食,饮食中有充足的蔬菜水果、低脂奶、以维持足够的钾、镁、钙等矿物质摄入,并尽量降低饮食中的盐和脂肪(特别是饱和脂肪酸)摄入,可以有效地降低血压,也具有一定的预防 2 型糖尿病的作用。

3. 我国居民的膳食与慢性病状况

我国居民的传统膳食模式以植物性食物和谷物为主,特点是高膳食纤维、低脂肪。然而随着我国经济社会的发展,膳食结构发生了很大改变,居民谷类食物摄入量不断减少,畜禽肉的摄入量不断增加,脂肪的供能比从 1992 年的 22.0% 增加至 2012 年的 32.9%。与此同时,我国成人的高血压、糖尿病、血脂异常发生率不断增加,慢性病的死亡人数从 1990 年至 2013 年增加了三分之一。

(三) 养成良好饮食习惯预防慢性病

尽管慢性病的发生和死亡主要出现在成人期,但是包括不合理膳食在内的危险因素却是从未成年时期就开始累积的。许多研究证明,大部分的慢性病都是可以预防的,改善膳食营养是关键。

应做到:增加蔬菜水果和全谷物的摄入,减少食盐和"隐性盐"的摄入,减少总脂肪和饱和脂肪酸的摄入,用不饱和脂肪酸代替饱和脂肪酸,减少含添加糖的食物和饮料摄入,限制过量的能量摄入,减少食物份量和食物的能量密度。

1. 多吃蔬菜水果

每天摄入充足、种类丰富的蔬菜和水果。每天摄入 300~500g 的新鲜蔬菜,深绿色、红色、橘色、紫红色的深色蔬菜应占一半。叶类(如菠菜、油菜)、花菜类(如西蓝花)、甘蓝类(如卷心菜)、鲜豆类(如豌豆、豆角)、葱蒜类(如韭菜、洋葱)、菌藻类(如香菇、木

耳、海带)等营养特点不同,应不断更换品种。每天摄入 200~350g 新鲜水果,不能用水果制品和果汁代替水果。

2. 控制脂肪摄入

控制总脂肪的摄入量,每天来自脂肪的能量不应超过总能量的 30%。优选鱼、禽肉,吃畜肉时选择瘦肉,减少饱和脂肪酸的摄入。用主要含不饱和脂肪酸的油类如植物油(如葵花籽油、菜籽油、豆油、橄榄油、玉米油等)、坚果等代替主要含饱和脂肪酸的油类(黄油、猪油、牛油、奶油、椰子油、棕榈油等)。少吃油炸食品。避免食用含反式脂肪酸(如人造黄油、氢化植物油等)的加工食品。

3. 控制能量过剩

控制能量摄入过剩,能量摄入应与能量消耗相平衡(可以根据体重变化来评价能量是否平衡)。选择小份量的食物可以帮助更好的控制进食总量。减少高能量密度、低营养价值的食物,如油炸食品、汉堡、薯条、巧克力、冰激凌、甜点、含糖饮料等摄入。

4. 限制糖的摄入

每天摄入的添加糖不超过全部能量的 10%,以一个全天需要 2 000kcal 能量的人来说大约是 50g,最好控制在 25g 以下,这样会产生更大的健康益处。对于儿童青少年来说,含糖饮料是添加糖的主要来源,应限制含糖饮料的摄入,如碳酸饮料、果汁饮料、茶饮料等,以及限制食用高糖食品。

5. 减少盐摄入

世界卫生组织建议,每天食盐的摄入不超过 5g(相当于钠摄入量 2g)。控制盐的摄入总量,少吃高盐(高钠)食品如酱油、酱料、咸菜、味精、鸡精、腌制食品、含钠量高(钠 >30%NRV(NRV 为营养素参考值))的预包装食品等。培养清淡口味,逐渐做到量化用盐。

6. 终身坚持健康饮食习惯

建立和坚持健康的饮食习惯可以帮助降低营养相关性慢性病的风险。《美国居民膳食指南(2020—2025)》的第一条建议为"在每个生命阶段都要遵循健康的饮食习惯"。健康饮食习惯不仅有利于个人当下的健康,而且会使未来生命阶段的健康甚至后代的健康获益。如果

可以在生命的早期就建立起健康的饮食习惯,并不断坚持,其对健康的影响将更为显著。当然,在生命的任何阶段个人都可以通过践行健康的饮食习惯来改善健康状况。

三、课堂实践与拓展

课后操作

结合自己的实际情况,说一说如何做到好营养防慢病,打算从哪些方面改善,将设定哪些具体目标。

四、扩展阅读

(一)慢性病流行及相关危险因素

根据世界卫生组织报告 *Global Action Plan for the Prevention and Control of NCDs 2013-2020*,2008 年 63% 的全球死亡归因于慢性病(约 3 600 万),其中主要的原因为心血管疾病(占慢性病死因的 48%),其次为癌症(21%)、慢性呼吸系统疾病(12%)和糖尿病(3.5%);80% 由慢性病造成的死亡发生在低中收入国家。

根据《中国居民营养与慢性病状况报告(2015)》,2012 年中国居民因慢性病死亡的人数为 731 万,占全部死亡人数的 86.6%,居民慢性病前 5 位死因为心血管疾病、癌症、慢性呼吸系统疾病、消化系统疾病、内分泌营养代谢疾病(图2-3-1)。

2012 年,中国居民膳食脂肪供能比为 32.9%,高于 30% 的推荐上限。平均盐摄入量为 10.5g/d,远高于世界卫生组织推荐的每天不超过 5g。中国现有吸烟人数超过 3 亿,15 岁及以上居民的吸烟率接近 30%,非吸烟者暴露于二手烟的比例超过 70%。2012 年中国 18 岁以上居民饮酒者中有害饮酒(男性平均每天摄入纯酒精≥61g,女性≥41g)率近 10%。2013 年 20~69 岁居民每周进行 3 次及以上锻炼且每次至少持续 30 分钟的比例不足 20%。

(二)芬兰北卡项目

自 20 世纪 70 年代以来,随着慢性病的流行,西方发达国家实施了多个慢性

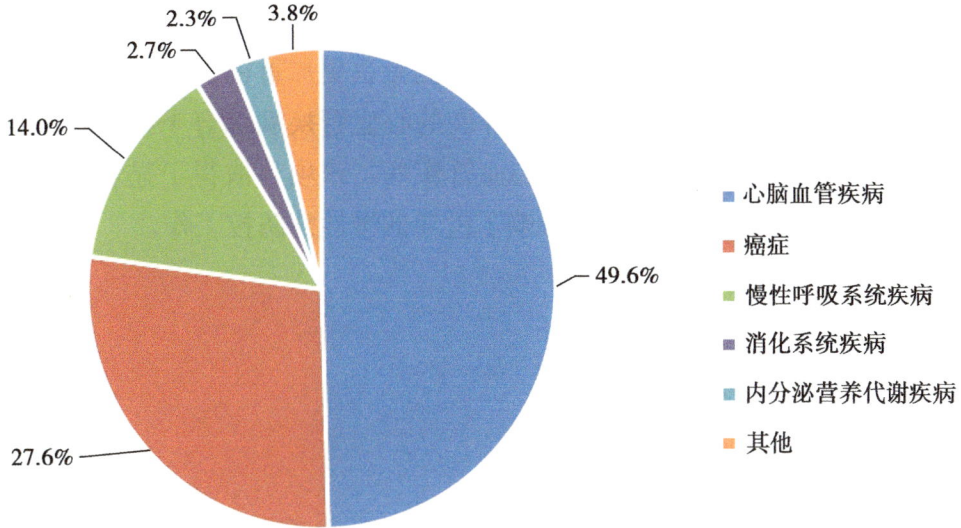

图 2-3-1　2012 年中国居民慢性病死亡主要死因构成

参考资料：国家卫生计生委疾病预防控制局．中国居民营养与慢性病状况报告(2015)．北京：人民卫生出版社，2015．

病干预项目，其中最有影响力的就是芬兰 1972 年开始实施的北卡累利阿项目（以下简称"北卡项目"）。20 世纪 60 年代末，芬兰是心血管疾病的高发国家，而东部的北卡累利阿省是全世界心血管疾病死亡率最高的地区。1972 年项目开始实施，通过在社区开展各种项目（如胆固醇项目、高血压项目、无烟运动、学校健康项目、工作场所项目以及浆果和蔬菜项目），改变不健康的生活方式，从而预防控制以心血管疾病为主的慢性病。从 1972 年到 2007 年的 35 年间，北卡男性心血管病死亡率的下降幅度超过 80%，女性超过 83%，男性和女性的全因死亡率分别下降了 63% 和 51%。同时，成年人的健康行为发生了显著变化，其中最突出的是不合理的饮食习惯明显改善，包括黄油和高脂牛奶消费量大幅下降，植物油和新鲜蔬菜消费量上升。1972 年时，有 86% 的男性和 82% 的女性主要用黄油涂抹面包，到了 21 世纪初，只有 10% 的男性和 4% 的女性用黄油涂抹面包。1972 年时仅有 2% 的人群使用植物油烹调食物，到 21 世纪

初,约有 40% 的北卡人群使用植物油烹调食物。同时,男性吸烟率不断下降,身体活动水平逐渐增加,居民对血压和胆固醇测量也更加重视。

北卡项目是世界上第一个在社区开展的心血管疾病综合干预项目,通过改变日常生活方式和风险因素来预防心血管疾病。该项目取得了显著干预效果,成为慢性病防控的国际示范项目,影响了世界的慢性病防控工作。

第四课　科学烹饪

一、教学目标和重点

指导学生了解烹饪的作用、常见的烹饪方法以及合理烹饪的意义，掌握合理烹饪的技巧。

二、教学内容

(一) 烹饪的作用

1. 烹饪的概念

烹饪是人类饮食活动中，为了获得健康安全的食物所采取的对自然状态食物进行加工的技术。通过烹饪，不仅可以为人类提供健康美味的食物，通过烹饪加热食物更有利于人体的消化吸收，同时也更卫生安全。

2. 烹饪的作用

(1) 改善食物的感官性状

食物经烹饪加热以后，原料的特征会发生各种变化，包括色泽、风味、质地、成分、形态的变化等，这些变化与菜品的质量密切相关。要使菜品达到色、香、味、形、质、养俱佳，就必须了解原料在加热过程中的变化特征，否则很难把握加热前的各种加工技法，也不能准确地控制加热后的菜肴质量。

(2) 促进食物中营养素的吸收

食物原料如果不经烹饪加热，营养素被人体利用率较低。烹饪加热对有效利用食物的营养素起到重要的辅助作用。加热能分解食物成分使人体易于吸收；但不合理的烹饪也可能会造成食物中营养素的损失、结构的破坏，甚至产生有碍消化吸收或有毒的有害物质。

（3）保障食物安全

烹饪是杀灭食品中有害微生物的一种最古老而经典的方法,在杀灭和清除有害微生物的技术中占有极为重要的地位。早在人类还没有充分认识微生物的本质之前,加热杀菌这项技术就以火烧、煮沸等形式经验性地为人们所应用,并一直延续下来。

（二）常见烹饪方法

1. 煮

煮是烹饪中最基础的方法,是将经过处理的食物原材料放在汤汁或清水中煮熟(调味)成为可以食用的饭菜。煮制的饭菜汤多汁浓、汤菜合一、口味清鲜。鱼、猪肉、豆制品、蔬菜等原料都适合煮的烹饪方法。煮比炖的时间要短一些,一般适用于体积小、质地软的食物材料。例如:水煮鱼、水煮蛋、水煮肉片等。

2. 蒸

蒸是将处理好的原材料放在容器中,利用蒸汽将食物蒸熟。蒸能够保留食物的原形、原汁、原味,是日常生活中常用的烹饪方式。例如:蒜蓉蒸茄子、包子、馒头、蒸鲫鱼等。

3. 炖

炖是指在加工处理好的食物原材料中加入汤水及调味品,先用大火烧沸,然后转成中小火,长时间烧煮的烹饪方法。炖制成的饭菜有汤多味鲜、原汁原味、形态完整的特点。适合炖菜的原料以鸡、鸭、猪肉、牛肉为主。例如:炖牛肉、小鸡炖蘑菇、炖豆腐等。

4. 炒

炒是指将食物切成丁、丝、条、粒等小型原料,用适量油以旺火或中火在较短时间内加热成熟,调味成菜的一种烹饪方法。主要特点是汤汁适中、清脆滑嫩。炒菜一般都是旺火速成,能使原料的营养素不受损失或少受损失。例如:番茄炒鸡蛋、炒肉丝等。

5. 炸

炸是在锅中加入适量油加热后,放入预先处理过的原材料,以食用油为介质将其炸熟的一种烹饪方法。其特点是用油量多、火力旺。炸制饭菜的特点是香、酥、脆、嫩。例如：炸春卷、炸里脊、炸鸡块等。

6. 煎

煎是指把少量油加入锅内,再放入经加工处理的饼或挂糊的片状等半成品原料,用小火煎至两面酥脆呈金黄色而成菜的烹饪方法。煎的饭菜具有色泽金黄、外酥脆、内鲜嫩的特点,适用于猪肉、牛肉、鸡肉、鸭肉、鱼肉、虾、鸡蛋等原料。例如：锅贴、煎蛋卷、煎牛排等。

7. 烤

烤是指将加工处理好或腌渍入味的原材料置于烤具内,用明火、暗火等产生的热辐射将食物加热的烹饪方法。其特点是原料经烘烤后,表层水分散发,产生松脆的表面和焦香的滋味。例如：烤鸭、烤鸡翅等。

8. 烩

烩是指将原材料油炸或煮熟后,放入锅内加辅料、调料、高汤烩制的烹饪方法。这种方法多用于烹制鱼虾、肉丝、肉片等。如：山西烩菜、三鲜大杂烩等。

9. 焖

焖是从烧演变而来的,是指将加工处理后的原料放入锅中加适量的汤水和调料,盖上锅盖烧开后改用小火进行较长时间的加热,待原料酥软入味后,留少量汤汁成菜的烹饪方法。例如：油焖春笋、焖排骨、焖茄豆等。

10. 卤

卤是一种制作冷菜的烹饪方法,是将大块或完整的原料,放入调好的卤汁中加热煮熟,使卤汁的鲜香滋味渗透进原材料。如：卤毛豆、卤牛肉等。

（三）如何做到合理烹饪

1. 谷类合理烹饪

（1）要尽量减少淘米次数。据测定,淘洗会造成维生素 B_1、无机盐、蛋白质的流失,所以淘米一般不应该超过 2~3 次,也不宜用力搓。淘米应用凉水,浸泡时间不宜过长;减少吃"捞饭"的次数,即在米煮到半熟后捞出再蒸,这样就会损失掉溶于米汤中的大量 B 族维生素。

（2）做米饭应采用蒸、煮的方法,而且不要加碱,因为碱会破坏维生素 C 及 B 族维生素。但是,在煮玉米粥时可加入适量的碱,可以使玉米中结合型烟酸(属于 B 族维生素)释放出来,变成游离型烟酸从而被人体利用。

（3）一般在制作面食时,蒸、烤、烙的方法对 B 族维生素的损失较小,但用高温油炸时损失较大。此外,在吃米面时,可搭配大豆及其制品,这样大豆中富含的赖氨酸就弥补了米、面中赖氨酸的不足,从而达到蛋白质的互补作用,提高了食物中蛋白质的利用率。

2. 蔬菜合理烹饪

不当的烹饪方式会造成蔬菜中营养素尤其是水溶性维生素的流失和破坏,降低其营养价值,所以要根据蔬菜的特性来选择适宜的加工处理和烹饪方式,减少营养流失。蔬菜的加工和烹饪要注意以下几个原则:

（1）先洗后切:烹饪前应当先把蔬菜彻底洗净,然后再切。尽量用流水冲洗蔬菜,不要在水中长时间浸泡。如果先切后洗,容易导致蔬菜中的水溶性维生素和矿物质的流失。洗净后尽快加工处理、食用,最大限度地保证营养素地摄入。

（2）急火快炒:缩短加热时间可以有效减少蔬菜中营养素特别是维生素 C 的流失和破坏。但是有些豆类蔬菜如四季豆必须充分加热。

（3）开汤下菜:煮菜时要等水煮沸后再将菜放入锅中,因为沸水可以减少维生素 C 的损失。而长时间的熬煮会增加水溶性维生素(如维生素 C、B 族维生素)的损失。

（4）出锅前放盐:减少盐摄入最好的方法就是在食物出锅前放盐,这样能够让盐附着于食物表面,食物吃起来有滋味,盐也不至于摄入过多。

（5）炒好即食:已经烹调好的蔬菜应尽快食用,现做现吃,避免反复加热,这不仅是因为营养素会随储存时间延长而丢失,还可能因细菌的硝酸盐还原作用增加亚硝酸盐含量。

3. 肉类合理烹饪

肉类烹饪可采用炒、烧、爆、炖、蒸、焖、炸、煨等方法。肉类的烹饪要注意以下几点:

（1）不用热水清洗

畜禽肉类用热水清洗，容易使蛋白质溶解在水中，造成营养素的损失。

（2）彻底煮熟再吃

彻底煮熟能杀灭畜禽肉中可能存在的一些致病性寄生虫，如蛔虫、绦虫等，防止其进入人体引起疾病。

（3）多蒸煮，少炸烤

动物性食物，如畜禽肉、鱼蛋，在烹调过程中损失的主要是维生素，其他营养素含量变化不大。蒸、炖、汆、滑熘的烹调方法，可以减少维生素的流失。快炒肉丝营养素损失最少；蒸肉比煮肉、炖肉更能保留大部分的营养素；油炸可使维生素损失严重，因此要减少这种烹调方法，若一定要使用油炸，可在肉类表面挂面糊，避免肉类与油接触来减少肉类中维生素的损失。总体而言，可结合地方饮食习惯，尽量选择对肉类营养素损失较小的方法进行加工。

三、课堂实践与拓展

1. 课堂实践

请回忆一下昨天在家或者在学校食堂吃的一道菜，写出其烹饪方法，并对其进行评价。

我来评价一道菜

菜品名称：

原料名称：

做法：

评价：

2. 拓展活动

我给爸妈讲烹饪：请同学们回去把这节课所学的合理烹饪的知识和爸爸妈妈说一说。在周末，自己独立或和父母一起用合理的烹饪方式来做一道菜。

四、扩展阅读

烹饪与食物安全

1. 烹饪与杀菌消毒

一般来说,生的食物原料在经过清洗之后,仍然会有各种各样的致病菌和寄生虫残留。如果不进行消杀,人们吃了以后很容易生病和发生食物中毒,而且这些致病菌和寄生虫需要在 80~100℃甚至更高的温度下才能被杀死。因此,加热处理是对食物进行杀菌消毒的有效办法。鱼、肉等原料都是热的不良导体,如较大的鱼块、肉块,尽管加热时间较长,表面温度很高,但是原料内部的温度仍很低,深藏在里边的致病菌和寄生虫仍不会全部被杀死,所以加热的时间要适当延长,原料的体积要适当减小,以保证原料内部的病原微生物被充分杀死。

2. 四季豆烹饪

四季豆无论单独清炒,还是和肉类同炖,或是焯熟凉拌,都是人们喜欢的食物。但需要注意的是四季豆含皂素、红细胞凝集素等有毒成分。烹饪时需要煮熟,将这些有毒物质破坏,否则其中的皂素、胰蛋白酶抑制物会强烈刺激消化道,出现恶心、呕吐、腹泻等胃肠道症状,另外其中的红细胞凝集素则具有凝血作用。

3. 新鲜黄花菜烹饪

新鲜黄花菜的花蕊含有秋水仙碱,食用后在体内被氧化后生成有毒的二秋水仙碱,从而导致机体中毒。所以食用新鲜的黄花菜前一定要先处理以去除秋水仙碱:因秋水仙碱具有较好的水溶性,可以把鲜黄花菜在开水中焯一下,再用清水充分浸泡、冲洗,使秋水仙碱最大限度地溶解在水中;秋水仙碱对热敏感,烹饪时用大火煮 10 分钟左右也能将其破坏。

第五课 食品安全记心间

一、教学目标和重点

指导学生认识食品安全的重要性，了解日常生活中常见的食品安全危害因素，掌握食品安全五要点的主要内容，学会食物中毒的紧急处理方法，在日常生活中树立时刻注意食品安全问题的意识。

二、教学内容

（一）食品安全很重要

食品安全是指食品无毒、无害，符合应当有的营养要求，对人体健康不造成任何急性、亚急性、或者慢性危害。

食品安全危害因素是指潜在损坏或危及食品安全和质量的因子或因素，包括生物性、化学性以及物理性因素，其可以存在于食物链的各个环节。如果食品含有这些危害因素或者受到这些危害因素的污染，就会成为具有潜在危害的食品，人体摄入后可能会造成健康损害，引起食源性疾病。

食源性疾病是指食品中致病因素进入人体引起的感染性、中毒性等疾病，包括食物中毒。食源性疾病除了包括食物中毒外，还包括食源性寄生虫病、食源性肠道传染病、人畜共患病、食物过敏等等。食源性疾病有三个基本特征：食物是携带和传播病原物质的媒介；致病因子是食物中含有的各种生物性、化学性和物理性病原物质；临床特征多为急性、亚急性中毒或感染。食源性疾病最常见的症状是胃肠道症状，严重者也可能造成全身器官衰竭，甚至引发癌症，造成残疾和死亡。

因此,食源性疾病的预防和控制是一个世界性的问题,保证食品安全是预防食源性疾病的根本,我们除了要了解食源性疾病的危害以外,更要学会如何在日常生活中保障食品安全。

(二) 食品安全五要点

"食品安全五要点"是由世界卫生组织提出的、在各国公认有效且普遍实施的食品安全风险防范措施,对规范食品生产经营、指导家庭烹制食物具有重要意义。五要点主要包括保持清洁、生熟分开、做熟食物、保持食物的安全温度、使用安全的水和原材料等五方面内容,通过这些措施来预防食源性疾病。此外,世界卫生组织还针对中国提出建议:对块根类蔬菜和水果要彻底削皮,对叶菜和水果要用安全的水浸洗。

五要点具体内容包括:

1. 保持清洁

拿食品前要先洗手,准备食品期间也要经常洗手;便后要洗手;使用前和使用后要注意清洗和消毒用于准备食品的所有场所和设备;避免虫、鼠及其他动物进入厨房和接近食物。

2. 食物生熟分开

生的畜肉、禽肉和水产品可能含有寄生虫,要与其他食物分开;处理生的食物要有专用的设备和用具,例如专用刀具和切肉板;使用饭盒等器皿储存食物以避免生熟食物互相接触。

3. 食物要烧熟煮透

食物要彻底做熟再食用,尤其是肉、禽、蛋和水产品;汤、煲等食物要煮开以确保达到70℃及以上;煮肉类的汁水要变清才是已经熟透,而不能是淡红色的;熟食如果一顿吃不完,再次吃之前要进行彻底加热。

4. 食物要安全存放

熟食在室温下不得存放2小时以上,要及时用容器密封好放入冰箱冷藏保存(最好在5℃以下);熟食在食用前应保持在60℃以上;即使在冰箱中也不能过久储存食物;冷冻食物尽量不要在室温下化冻(推荐方法是使用微波炉解冻、冰箱冷藏室解冻和清洁流动水解冻)。

5. 使用安全的水和原材料

生活中要使用经过处理的卫生洁净的水;购买食物时,要挑选新鲜和有益健康的食物;要选择和购买经过安全加工的食品,例如应购买经过消毒的牛奶,而不能直接饮用刚挤出未经消毒的牛奶;水果和蔬菜要洗干净再进行烹饪,尤其是要生食的蔬果;不吃超过保鲜期(保质期)的食物。

(三) 食源性疾病的紧急处理

生活中一旦出现发热、上吐下泻等疑似食物中毒的症状,应立即赶往医院进行治疗。另外,我们要学会简单的紧急处理技能,以尽量减小食物中毒对健康的危害。

1. 催吐

尝试用手指轻搅喉咙,把吃进去的东西吐出来。

2. 导泻

服用泻药,促使受污染的食物尽快排出体外;多喝温开水,促进新陈代谢,让有毒的物质快速排出体外。

3. 解毒

利用各种食物的特性来减轻中毒症状或解毒,比如利用牛奶等蛋白含量高的食物缓解重金属中毒。

需要注意的是,紧急处理仅能暂时缓解有毒物质对身体的伤害,不能从根本上解决问题。一旦出现疑似食物中毒的症状,或者明确发现食用了具有食品安全问题的食物,最重要的还是要尽快到医疗机构就诊,遵医嘱服药或治疗。

三、课堂实践与拓展

1. 以下不属于生物性食品安全危害因素的是?

    A. 重金属　　　B. 细菌　　　C. 寄生虫　　　D. 病毒

2. 食品安全五要点是什么?

3. 在老师的带领下,参观学校(供餐单位)后厨,共同探讨是否存在食品安全危害因素,并讨论研究改进方法。

    4. 以"食品安全记心间"为话题,开展主题征文比赛。

    5. 参观食品安全科普基地,学习食品安全知识。

四、扩展阅读

(一)我国食源性疾病的发病情况

    2015 年,中国食源性疾病监测系统收集的监测数据(不含我国香港、澳门、台湾、西藏地区)显示,2015 年全国上报食源性疾病暴发事件 2 401 起,累计发病 21 374 人,死亡 129 人。其中,毒蘑菇导致的事件数和死亡人数最多,分别占 46.2% 和 60.3%,微生物性因素引起的发病人数最多,占 51.5%。明确的造成食源性疾病暴发的原因主要是蔬菜类和肉类食品,暴发的主要场所为家庭和餐饮服务场所,家庭误食蘑菇和对乌头加工不当(食用量或加热温度和时间)是造成死亡的主要原因。《2019 年我国卫生健康事业发展统计公报》显示,2019 年全国报告 6 390 起食源性疾病暴发事件,发病 38 797 人,死亡 134 人。国家卫生健康委食品司《关于预防毒蘑菇和有毒动植物中毒的饮食消费提示》指出,截至 2020 年 5 月初,全国已报告 76 起毒蘑菇中毒事件,80% 以上中毒事件为家庭自采误食导致。

(二)了解《中华人民共和国食品安全法》

    《中华人民共和国食品安全法》(以下简称《食品安全法》)的前身是《中华人民共和国食品卫生法》。2009 年 2 月 28 日,第十一届全国人民代表大会常务委员会第七次会议通过《食品安全法》;2015 年 4 月 24 日,第十二届全国人民代表大会常务委员会第十四次会议修订《食品安全法》;现行的《食品安全法》根据 2018 年 12 月 29 日第十三届全国人民代表大会常务委员会第七次会议《关于修改〈中华人民共和国产品质量法〉等五部法律的决定》修正。

    新修订的《食品安全法》被称为"史上最严",在很多方面进行了严格规定和创新。比如建立从中央到地方统一权威的监管机构,对生产、销售、餐饮服务等各环节实施最严格的全过程监管,并建立最严格的监管处罚制度,构成犯罪的,依法严肃追究刑事责任。新修订的《食品安全法》健全食品安全风险监测、风险评估和食品安全标准等制度,强调预防为主和风险分级管理等要求。此外,鼓励有奖举报,发挥社会监督作用,形成社会共治格局。

初三年级

第一课 在外就餐

一、教学目标和重点

指导学生了解在外就餐的主要特点，掌握在外就餐时合理点餐的主要内容；形成合理点餐的意识，并能将所学应用到在外就餐的生活实践中。

二、教学内容

（一）在外就餐日益普遍

1. 在外就餐的概念

在外就餐是指在家庭以外的场所就餐，这些场所包括学校、餐馆、饭店、摊点等，也包括通过各种途径点的外卖。近年来，随着社会发展以及人们生活方式的不断变化，学生在外就餐的比例逐渐增加。

2. 在外就餐对儿童健康的影响

在外就餐非常便捷，而且菜品丰富。但在外就餐的食物种类、烹饪方式不同于在家就餐，经常在外就餐对营养素摄入与健康可能造成一定的影响。为了食物更加美味可口，大多数餐馆会在食物烹调过程中加入更多的油、盐、酱料和糖，因此在外就餐很可能会摄入更多的脂肪、钠和添加糖。而且在外就餐很容易出现肉类摄入过量、忽视主食、蔬菜水果摄入少等问题。此外，在外就餐也可能存在食品安全问题。

在外就餐对儿童健康不利的影响主要是增加超重和肥胖的风险。相比在家就餐，在外就餐通常会摄入更多的食物而导致能量摄入超过身体需要，同时肉类食物摄入较多，容易导致体重增加。

（二）在外就餐应注意什么

学生在外就餐时,首先要选择卫生条件合格的就餐场所,同时在食物和菜品的选择上要注意膳食平衡、种类多样,做到有粗有细、荤素搭配。尽量多选择不同种类的食物、按需定量、多选择低脂、低盐、低糖食物,优先选择富含优质蛋白质的鱼虾禽肉等,富含膳食纤维、维生素和矿物质的蔬菜和水果,少选含糖饮料和碳酸饮料,不选含酒精饮料及酒。

1. 选择正规餐馆

在外就餐时,一定要选择干净卫生、证照齐全的就餐场所。

首先要看餐厅或饭店等就餐地点是否有餐饮服务许可证;也可以参考餐饮评定等级,这个等级是依据餐饮企业建筑及设备设施条件、菜品质量、服务能力、食品安全和环境卫生状况等进行评定,综合反映就餐地点的状况。

还可以通过目测一下就餐地点的整体卫生状况,如餐桌、椅摆放是否整齐,桌面是否清洁,地面是否有积水和垃圾、有无洗手设施及厕所等卫生设施,有无蚊蝇、蟑螂等。

2. 因人定量

在外就餐时一定要根据就餐人数来确定点餐/订餐的份量,防止因点/订了过多的菜品而摄入过多食物,导致超重和肥胖,同时也可以避免浪费,是倡行绿色环保的好做法。在点餐时,可以先点一部分,进餐过程中可以根据需要再加菜;吃自助餐时可少量多次取餐,吃完后感觉不够再取。

3. 食物多样

在外就餐也应做到食物多样,选择各类食物。在外就餐时,往往点的肉类

过多而蔬菜和水果不足,所以一定要注意荤素搭配,大拌菜、水果沙拉就是很好的补充蔬菜和水果的选择。在外就餐时很容易因为菜肴较多而忽视主食的摄入。主食位于膳食宝塔的最底层,也就是一日三餐中需要摄入最大份量的一类食物,在外就餐时也不能忽视。因为我国居民主食以精制米、面为主,全谷物和杂豆的摄入较少,所以主食应尽量多选粗粮,如荞麦面、莜面、玉米、小米等全谷物,以及薯类及杂豆等。此外,应尽量选择用蒸、煮、白灼、快炒等烹饪方式制作的菜品,少选油炸食物,如点清蒸鲈鱼、白灼虾,而不是油炸大虾。

4. 合理选择快餐

西式快餐(如汉堡、薯条、比萨等)因其食物多为油炸食物,所搭配的饮料也多为含糖饮料,经常食用会导致能量摄入过多而引起超重和肥胖的发生。所以要减少这些快餐的食用次数。如果去西式快餐店就餐,要注意增加蔬菜、水果等的摄入。

5. 饮料的选择

首先,儿童青少年在外就餐时一定不能饮酒,包括酒精饮料。

其次,市场销售的大多数饮料含有较多的添加糖,常喝会增加龋齿、肥胖和糖尿病的发生风险;而且碳酸饮料中含有的磷酸等还会影响钙等矿物质的吸收,不利于儿童骨骼发育。所以学生在外就餐时要尽量少选含糖饮料,可以选择白水、柠檬水,或者果蔬汁,牛奶、酸奶、豆浆等奶豆制品。

(三) 中西餐点餐特点

1. 西餐点餐

西餐点餐的大体顺序:①开胃菜,常见的有鱼子酱、鹅肝酱、熏蛙鱼、鸡尾杯、奶油鸡酥盒等,味道以咸和酸为主,数量较少。②汤,大致可分为清汤、奶油汤、蔬菜汤和冷汤。③副菜,通常为水产和蛋类,面包等。④主菜,通常为红肉,主要是牛肉、羊肉、猪肉等,以及鸡鸭鹅等禽肉,最有代表性的是牛肉或牛排。⑤配菜,主要是蔬菜类,也就是蔬菜沙拉。⑥甜点,在主菜后食用的,包括所有主菜后的食物,如布丁、冰激凌、奶酪、水果等。⑦咖啡、茶,最后一道是饮料如咖啡或茶。

2. 中餐点餐

中餐的餐单主要分凉菜、热菜、汤、锅、主食、饮料/酒品等类别,而且点餐没有西餐的严格顺序。点餐时大都同时点各类菜品。上菜顺序一般是先凉菜、后热菜、汤、锅,主食、饮料/酒品,最后是水果。为了营养均衡,食物多样,不要忽视主食、多点各类蔬菜,少点/不点含糖饮料。

三、课堂实践与拓展

这是某餐馆的一份菜单。假设你今天和爸爸、妈妈、妹妹一起去这家餐馆吃午餐。请你点一份餐食,并按照合理点餐的核心内容进行自我评价。

菜 单 (举例)

炒菜类

土豆丝	10元	香菇油菜	12元
麻辣豆腐	10元	家常豆腐	15元
西红柿鸡蛋	12元	木耳鸡蛋	12元
烧茄子	15元	麻辣鸭血	12元
辣子鸡丁	20元	鱼香肉丝	18元
香辣肉丝	22元	回锅肉	25元
鱼香茄子	15元	水煮肉片	25元
农家小炒肉	28元	毛血旺	38元
香菇肉片	22元	酸菜鱼	36元
蒜苔肉丝	22元	麻辣鱼	38元
干煸肥肠	32元	尖椒腊肉	23元

干锅类

干锅土豆片	18元	干锅干叶豆腐	22元
干锅鸡块	25元	干锅排骨	38元
干锅娃娃菜	15元	干锅肥肠	38元

汤 类

西红柿鸡蛋汤	8元	生汆丸子汤	15元
米酒蛋花汤	10元	疙瘩汤	10元
青菜豆腐汤	8元	玉米羹	10元

主食类

香菇鸡丁面	7元	土豆丝盖饭	7元
红烧牛肉面	9元	西红柿鸡蛋盖饭	8元
鸡蛋面	8元	尖椒鸡蛋盖饭	8元
炸酱面	8元	麻辣豆腐盖饭	7元
香菇肉丝面	8元	鱼香肉丝盖饭	10元
酸菜肉丝面	8元	回锅肉盖饭	12元
鸡蛋炒刀削面	8元	小炒肉盖饭	13元
肉炒刀削面	9元	辣子鸡丁盖饭	12元
油泼面	8元	宫保鸡丁盖饭	10元
鸡蛋捞面	8元	蛋炒饭	7元
臊子面	8元	扬州炒饭	8元
猪肉大葱饺子	10元	大盘鸡　大份	50元
韭菜鸡蛋饺子	8元	小份	40元
素砂锅(面/米线/土豆粉)	7元		
肉砂锅(鸡丁/牛肉/三鲜)	9元		

四、扩展阅读

中、西餐的餐食特点

我国的饮食及其文化称为中餐。一般将欧洲国家和地区,及其主要移民的北美洲、南美洲和大洋洲的广大区域称为西方,而西餐即指以上区域的与东方饮食迥然不同的饮食及其文化。由于地域,经济和文化的不同,形成了中、西餐的差异化特点。

1. 膳食构成

中餐膳食以植物性食物为主,并有主食与副食的区别(就是平常所说的"饭""菜",饭指的是主食,包括谷薯类和杂豆等;菜指的是副食,如肉食、豆类、蔬菜等)。西餐没有主副食的区别,以动物性食物为主,肉蛋乳比例高,辅以蔬菜水果和谷类。西餐的高能量、高蛋白、高脂肪食物所占比例较大;传统的中餐以植物性食物为主,但肉类食物的比例近年来逐渐增加。

2. 食材选料

我国幅员辽阔造就了中餐的食材广泛;并因地域的差异而口味多样。西餐原料选择相对局限,常用的动物性原料有牛肉、羊肉、鸡肉、鱼肉等,常用的蔬菜有洋葱、胡萝卜、西芹、土豆等。西餐中奶制品运用的比较多,品种也丰富,如各种奶酪、奶油、黄油等。而中餐中,各种各样的豆制品也是既营养又美味的选择。

3. 烹饪方法

中餐有多种烹饪方法,如煎、炒、蒸、煮、炖、炸等。西餐的常见烹调方法主要有烤、煎、烩、炸等。中餐追求菜肴的味道,有时为了让菜品更具口味而采用的烹调方法会导致部分蛋白质、维生素等营养素的破坏。西餐大多数的蔬菜采取生食,这样可以最大程度的保留其营养价值。

4. 就餐工具

中餐用筷子,西餐用刀叉;中餐多用碗、碟,西餐多用盘。

5. 口味

中餐菜肴虽口味丰富多变,但大都有明显的咸味。中餐中油脂使用频繁。西餐则对食盐、味精的需求小,多以橄榄油、芝士、芥末等作为佐味品;常运用各种酱汁来丰富食物的味道。

第二课 三减三健

一、教学目标和重点

指导学生了解什么是三减三健,掌握三减三健的健康生活方式及其重要性。通过贴近生活的实践活动,增进学生对低盐、低油、低糖食品的理解,在日常生活中践行三减三健的健康生活方式。

二、教学内容

近年来高血压、糖尿病、心血管疾病、癌症等与行为和生活方式相关慢性疾病已成为我国居民的主要死亡原因,而这些慢性病的发生发展与人们高盐高油高糖的饮食是密切相关的。因此,改变不健康饮食习惯和生活方式成为降低慢性病发生风险的关键因素。

(一) 什么是三减三健

2007年由卫生部疾控局、全国爱国卫生运动委员会办公室和中国疾病预防控制中心在全国范围内发起了"全民健康生活方式行动"。第一阶段行动为"健康一二一",倡导和传播健康生活方式理念。

2017年4月,国家卫生健康委与多部门联合启动了第二阶段行动——"三减三健"专项行动,旨在动员全社会共同关注"三减三健",营造健康环境,传播健康知识技能,倡导"每个人是自己健康第一责任人"的理念,为全面推进健康中国建设提供支撑。所谓"三减三健"是指"减盐""减油""减糖"和"健康口腔""健康骨骼""健康体重"。

减盐	减油	减糖

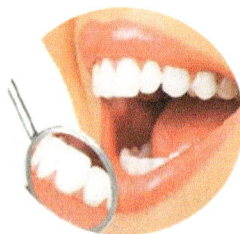  

健康口腔	健康体重	健康骨骼

"三减三健"

(二) 三减三健之"三减"

1．减盐

建议中国居民每天食盐摄入量不超过 5g。食盐是烹调中最常用的调味品，其主要化学成分是氯化钠（NaCl），占食盐含量的 99%。

目前我国居民食盐摄入量大大高于国家推荐的每日 5g 的摄入水平，2012 年全国每人每天平均食盐的摄入量为 10.5g，超出推荐量一倍。盐摄入过多会增加高血压、心血管疾病和脑卒中等发生风险。学生应当从现在做起，改变以咸为主的口味，学习如何将食盐摄入量减下来。

（1）少吃榨菜、咸菜和酱制食物

咸菜不是生活必需品，建议每餐都有新鲜蔬果，少吃榨菜、咸菜和酱制食物。

（2）在外就餐首选低盐菜品

尽可能减少外出就餐，如果无法避免，应主动要求餐馆少放盐，尽量选择低盐菜品。

（3）不喝菜汤

很多儿童习惯用菜汤浇米饭，增加米饭的味道，但菜汤中盐和各种调味品含量比较高,因此儿童应尽量做到吃菜不喝菜汤。

(4) 学会阅读营养成分表,选择低盐食品

在购买包装食品时,通过仔细阅读营养成分表,选择钠含量较低的包装食品,或者选择具有"低盐""少盐"或"无盐"标识的食品。

(5) 警惕"隐性盐"的摄入

一些预包装食品如方便面、香肠、饼干、面包等,虽然尝起来没有咸味,但都含有较多的盐,因此,建议少食用含有"隐性盐"的加工食品。

2. 减油

建议我国居民每天烹调油用量不超过 25~30g。烹调油有助于脂溶性维生素的吸收利用,是人体必需脂肪酸和维生素 E 的重要来源,但过多脂肪摄入会增加高血压、血脂异常、动脉粥样硬化和冠心病等慢性病的发病风险。

我国居民经常食用的食用油为大豆油,其次是菜籽油、花生油、葵花籽油、芝麻油等。2012 年我国城乡居民每人每天平均食用油的摄入量为 42.1g,远远超过推荐摄入量。学生应当从自身做起,学习如何减少油脂的摄入量。

(1) 少吃或不吃油炸食品

如炸鸡腿、炸薯条、炸鸡翅、油条、油饼等食物。在外就餐时主动要求餐馆少放油,少点油炸类菜品。

(2) 不吃肥肉和鸡鸭等禽类的皮

由于禽类的皮下脂肪含量高,过量摄入会导致油脂摄入增加,增加超重肥胖发生风险。

(3) 不喝菜汤

烹饪菜品时一部分油脂会留在菜汤里,尤其在外就餐时或外卖中含更多油脂。建议不要喝菜汤或用菜汤泡饭食用。

(4) 学会阅读营养成分表

在选购包装食品时,尽量选择脂肪含量较低的食物,特别是不含反式脂肪酸的食物。

3. 减糖

建议中国居民每天添加糖的摄入量不超过 50g,最好控制在 25g 以下,添加糖提供的能量不超过总能量的

10%,最好不超过 5%。饮食中的糖是引发龋齿最重要的危险因素,过多摄入会造成膳食不平衡,增加超重、肥胖以及糖尿病等慢性疾病的发病风险。建议学生从自身做起,减少添加糖的摄入。

(1) 足量饮水,不喝或少喝含糖饮料。含糖饮料是儿童青少年摄入添加糖的主要来源,建议不喝或少喝含糖饮料,更不能用饮料代替水,每天应少量多次、足量的饮用白开水。

(2) 少吃高糖类包装食品,如冰激凌、饼干、巧克力和糖果等。

(3) 学会阅读营养成分表。在购买包装食品时,仔细查看营养成分表中碳水化合物的比例,选择含糖量较少的食品,减少糖类摄入。

(4) 在外就餐少吃高糖菜品,如糖醋排骨、拔丝地瓜、鱼香肉丝或甜汤等。

(三) 三减三健之" 三健"

1. 健康口腔

预防龋齿,减少牙周疾病是口腔健康的关键。龋齿是儿童最常见的口腔疾病,学生应重视口腔健康,从点滴做起,注重保护自己的牙齿。

学生每天应至少刷牙两次,选用大小合适、刷毛软硬适中的牙刷,每 3 个月更换一次牙刷。要尽量减少每天吃糖的次数,少喝或不喝碳酸饮料。除一日三餐外,尽量少吃不健康零食。进食后及时用清水漱口,清除食物残渣。保证均衡膳食,合理的营养会直接影响口腔的健康。坚持每半年进行一次口腔检查,关注口腔卫生。

2. 健康体重

初中生应坚持每天运动,维持能量平衡、保持健康体重。

(1) 定期监测体重指数(BMI),BMI= 体重(kg)/ 身高(m)^2。

(2) 食物多样、规律饮食。能量摄入适量,鼓励摄入以复合碳水化合物、优质蛋白质为基础的低能量、低脂肪、低糖、低盐并富含维生素和矿物质的膳食。坚持规律饮食,切忌暴饮暴食。

(3) 坚持日常身体活动,建议每天累计至少 60 分钟中等到高强度的身体活动,每次最好 10 分钟以上,平均每天主动步行 6 000 步。减少久坐时间和视屏时间,建议不超过 1 小时就起来动一动,将身体活动融入日常生活中。

表 3-2-1 中国 11~16 岁儿童营养状况判断标准

年龄 / 岁	男生 BMI/(kg·m⁻²)				女生 BMI/(kg·m⁻²)			
	消瘦	正常	超重	肥胖	消瘦	正常	超重	肥胖
11~	≤14.9	15.0~20.2	20.3~23.5	≥23.6	≤14.3	14.4~21.0	21.1~23.2	≥23.3
12~	≤15.4	15.5~20.9	21.0~24.6	≥24.7	≤14.7	14.8~21.8	21.9~24.4	≥24.5
13~	≤15.9	16.0~22.5	21.9~25.6	≥25.7	≤15.3	15.4~22.5	22.6~25.5	≥25.6
14~	≤16.4	16.5~22.5	22.6~26.3	≥26.4	≤16.0	16.1~22.9	23.0~26.2	≥26.3
15~	≤16.9	17.0~23.0	23.1~26.8	≥26.9	≤16.6	16.7~23.3	23.4~26.8	≥26.9
16~	≤17.3	17.4~23.4	23.5~27.3	≥27.4	≤17.0	17.1~23.6	23.7~27.3	≥27.4

参考资料:《学龄儿童少年营养不良筛查》(WS/T 456—2014)、《学生健康检查技术规范》(GB/T 26343—2010)。

3. 健康骨骼

处于青春期生长突增阶段的学生往往比成年人更需要关注骨骼健康,尤其是注意膳食钙的补充。如果在此阶段钙长期摄入不足,并伴有蛋白质和维生素 D 缺乏,可引起生长迟缓、骨软化、骨质疏松等。此外,青春期保证足量的钙摄入,可降低中老年时期骨质疏松的发生风险。

(1)富含钙、低盐和适量蛋白质的均衡饮食对骨骼健康有着积极的影响。平时可多食用钙含量丰富的食物,如奶及奶制品、豆类、虾皮、海带、芝麻酱等。

(2)充足的光照会促进维生素 D 的合成,进而促进钙的吸收。建议学生每天保证至少 20 分钟的日照时间,提倡中速步行、跑步、骑行等多种户外运动形式。

(3)儿童每周至少 3 次抗阻力运动和骨质增强型运动,负重运动可以增加骨密度。柔韧性和灵活性锻炼可促进各关节的健康,放松紧张肌肉。要注意运动强度、形式以及部位的多样化。

三、课堂实践与拓展

准备材料:一瓶自己喜欢喝的碳酸饮料。从家里带一个盐勺或啤酒瓶盖。准备一个小的食物称。

课堂小实验:

1. 计算我们身边的饮料中添加糖的含量。

请同学们观察自己或小伙伴喝的碳酸饮料,按照饮料瓶上的营养成分表计算这瓶饮料的含糖量,并称量出来。

2. 用小勺量取每人每天食盐的推荐摄入量(5g)。

四、扩展阅读

(一)高盐、高油、高糖的危害

食盐、烹调油、添加糖摄入量过高会增加一系列慢性非传染性疾病的发病风险。高盐饮食是高血压发病的三大危险因素之一,同时,高盐摄入也可增加脑卒中、胃癌、心血管病、骨质疏松、2 型糖尿病、哮喘等疾病的发生风险。长期高油、高脂、高胆固醇饮食会导致血脂异常,从而引起脂肪肝、动脉粥样硬化、冠心病、脑卒中、肾动脉硬化等疾病。过多摄入添加糖可增加龋齿的发病风险,同时与超重肥胖、血脂异常、高血压、2 型糖尿病等慢性病发生风险有关。对儿童青少年而言,要格外关注含糖饮料的消费,其摄入过多同样会对身体健康造成不利影响。

(二)生活中的"隐性盐"

我国居民膳食钠的主要来源是盐、酱油等调味品。其中食盐占 63.6%、烹调食物占 11.9%、酱油等调味品占 10.4%,值得注意的是,来源于加工食品的钠占比为 8.7%。目前,加工食品在我们的生活中随处可见,同时琳琅满目的食品又极大地吸引着青少年消费。但往往这些预包装食品是最容易被忽视的钠摄入来源,导致盐类摄入过多,不利于身体健康(表 3-2-2)。

1. 速食制品

方便面、方便粉丝等。

2. 肉制品

牛肉干、烤肠、鱿鱼丝、鱼片、畜禽类、海产品类的熟食。

3. 焙烤和膨化类食品

面包、饼干、糕点、威化饼、薯片、薯条等。

表 3-2-2 各类食物中的钠及折算为食盐的量

食物名称	食物量	相应含盐量 /g	相应钠含量 /mg	每 100g 中食盐含量 /g
方便面	一袋(110g)	3.17	1 144.0	2.86
香肠	一根(135g)	7.80	2 309.2	5.77
肉松	25g	1.18	1 880.0	4.7
午餐肉	一盒(200g)	4.9	981.9	2.45
面包	两片(70g)	1.14	652.7	1.63
龙虾片	一包(100g)	1.60	639.5	1.60

注:①以每 100g 可食部计。②1g 钠相当于 2.5g 食盐。

肉松　25g

午餐肉(1 盒)　200g

面包片(1 片,中等大小)　35g

面饼 90g+ 料包 2g+ 油包 7g+ 粉包 12g

从左至右分别为:220g、160g、150g、135g、60g

（三）什么是添加糖

添加糖是指人工加入到食品中的糖类，具有甜味特征，包括单糖和双糖等。常见的有蔗糖、葡萄糖、果葡糖浆等。日常生活的白砂糖、绵白糖、冰糖、红糖都属于蔗糖。

添加糖是纯能量食物，每克糖所含能量约4kcal，如果日常膳食摄取过多并且无法及时消耗，多余的热量就会转化成脂肪，增加超重肥胖的发生风险。另外，初中阶段的青少年正值换牙末期，或者刚刚完成恒牙的替换，此时年轻的恒牙在形态结构上未完全成熟，与成熟的恒牙相比，更易患龋齿。因此过多摄入添加糖会大大增加龋齿的发生风险。

通过阅读营养成分表，识别食物中的添加糖。添加糖含量一般标注为碳水化合物含量，大多数添加糖含量高的食物是经过高度加工的，如软饮料、糕点、饼干、甜品和糖果等。这类食物的特点是高热量，但维生素、矿物质、纤维素等营养素含量都很少。值得注意的是，酸奶、面包、麦片等食物中的添加糖含量同样很高，虽然这些食物中具有人体需要的营养成分，但也不宜过多食用，过多食用将导致添加糖摄入过多而引发龋齿、超重肥胖和高血脂等健康风险（表3-2-3）。

表3-2-3　各类食物中的含糖量和能量

食物名称	重量/g	相应含糖量/g	总能量/kcal
果粒酸奶	260	27.04	108.2
脱脂酸奶	100	10.4	41.6
奶油饼干	30	20.5	82.1
冰激凌	80	13.8	55.4
瓶装碳酸饮料	600	63.3	257.1
瓶装维生素饮料	600	29.4	128.6

注：以每100g可食部计。

高一年级

第一课　践行膳食指南

一、教学目标和重点

指导学生了解《中国居民膳食指南(2016)》的主要内容和中国居民膳食宝塔的组成，掌握一般人群膳食指南的 6 条核心推荐，掌握平衡膳食模式的概念，在日常生活中按照膳食指南的推荐调整各种食物的摄入量。

二、教学内容

膳食指南一般由政府或权威机构根据营养科学原则和人们的健康需要提出，是一系列适合本国居民的食物选择和身体活动的指导建议。几乎每个国家都会制定自己的膳食指南，我国膳食指南制定的主要目的是为适应居民营养健康的需要，提高居民健康意识，帮助居民合理选择食物，减少或预防慢性病的发生。

《中国居民膳食指南(2016)》主要由一般人群膳食指南、特定人群膳食指南和平衡膳食模式及实践三大部分组成，适用于 2 岁以上健康人群，共有 6 条核心推荐条目。为了更好地结合生活实践，2016 版膳食指南特别提出"食物标准份量"的概念，即"标准化的一份食物可食部分的数量"，用于膳食指南的定量指导。我们可以参考对照食物标准份量，参考膳食宝塔和膳食餐盘来评价自己的日常膳食。

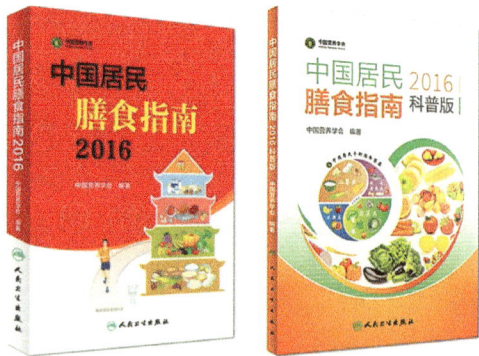

《中国居民膳食指南(2016)》

（一）一般人群膳食指南

1. 食物多样，谷类为主

食物多样、谷类为主是平衡膳食模式的重要特征，也符合我国人民传统的饮食习惯。多种多样的食物可以提供维持人类生命与健康所必需的能量和营养素，因此我们每天的膳食应包括谷薯类、蔬菜水果类、畜禽鱼蛋奶类、大豆坚果类等食物，建议平均每天摄入 12 种以上食物，每周 25 种以上。

谷类食物含有丰富的碳水化合物，是人体最经济的能量来源，也是 B 族维生素、矿物质、蛋白质和膳食纤维的重要来源。全谷物是指未经精细化加工或虽经碾磨 / 粉碎 / 压片等处理仍保留了完整谷粒所具备的胚乳、胚芽、麸皮及天然营养成分的谷物。杂豆是指除了大豆之外的红豆、绿豆、芸豆、花豆等。全谷物和杂豆对于降低 2 型糖尿病、心血管疾病、肥胖和肿瘤等慢性疾病的发病风险具有重要作用。薯类含有丰富的淀粉、膳食纤维以及多种维生素和矿物质，可以将薯类作为主食、菜肴和零食来食用。

14~17 岁儿童推荐每天摄入谷类食物 250~300g，其中要包含全谷物和杂豆类 50~100g，薯类食物 50~100g。结合图 4-1-1 估计一下，我们每天要食用谷类食物 5~6 份，也就是相当于图中 5~6 个小馒头或者 5~6 碗小米饭，薯类食物约 1 份，也就是相当于图 4-1-1 中这一碗土豆的量。

2. 吃动平衡，健康体重

维持健康体重取决于机体的能量平衡，也就是说我们摄入的能量要与消耗的能量保持基本的平衡才能保证体重处于正常范围。增加身体活动或运动不仅有助于保持健康体重，还能够调节机体代谢，增强体质，降低冠心病、脑卒中、2 型糖尿病、结肠癌等慢性病的发生风险，也有助于调节心理失衡，消除压力、缓解抑郁和焦虑等不良精神状态。

各年龄段人群都应天天运动、保持健康体重。身体活动的消耗量应该占摄入总能量的 15% 以上，因此我们要坚持身体活动，将身体活动融入日常生活和工作中。成年人每周至少进行 5 天中等强度身体活动，累计时间达到 150 分钟

谷类: 50~60g/份	80g 馒头(50g 面粉)	110g 米饭(50g 大米)
薯类: 85~100g/份	85g 红薯	85g 红薯
	100g 土豆　　100g 土豆　　100g 土豆	

图 4-1-1　谷类、薯类标准份示意图

参考资料:中国营养学会.中国居民膳食指南(2016).北京:人民卫生出版社,2016.

以上,主动身体活动最好达到每天 6 000 步。儿童青少年每天应累计至少 60 分钟中等及以上强度的身体活动,每周至少 3 次高强度的身体活动,例如长跑、游泳、打篮球等,增加户外运动时间。要保持能量平衡,还要控制总能量摄入,做到食不过量,营养均衡。研究表明,久坐不动会增加全因死亡风险,因此我们应当尽量减少久坐时间,每坐 1 小时要站起来动一动(表 4-1-1)。

表 4-1-1　成人每天身体活动量相当于快步走 6 000 步的活动

太极拳	40~60 分钟	瑜伽	40~60 分钟
快走或慢跑	40 分钟	骑车	40 分钟
游泳	30 分钟	网球	30 分钟

参考资料:同图 4-1-1。

　　常用的判断体重是否健康的指标是体质指数(BMI),BMI 的计算方法是体重(kg)除以身高的平方(m²)。我国健康成人的 BMI 正常范围为 18.5~23.9kg/m²。

表 4-1-2　中国 7~18 岁儿童营养状况的 BMI 标准

年龄（岁）	男生				女生			
	消瘦	正常	超重	肥胖	消瘦	正常	超重	肥胖
7~	≤13.9	14.0~17.3	17.4~19.1	≥19.2	≤13.4	13.5~17.1	17.2~18.8	≥18.9
8~	≤14.0	14.1~18.0	18.1~20.2	≥20.3	≤13.6	13.7~18.0	18.1~19.8	≥19.9
9~	≤14.1	14.2~18.8	18.9~21.3	≥21.4	≤13.8	13.9~18.9	19.0~20.9	≥21.0
10~	≤14.4	14.5~19.5	19.6~22.4	≥22.5	≤14.0	14.1~19.9	20.0~22.0	≥22.1
11~	≤14.9	15.0~20.2	20.3~23.5	≥23.6	≤14.3	14.4~21.0	21.1~23.2	≥23.3
12~	≤15.4	15.5~20.9	21.0~24.6	≥24.7	≤14.7	14.8~21.8	21.9~24.4	≥24.5
13~	≤15.9	16.0~21.8	21.9~25.6	≥25.7	≤15.3	15.4~22.5	22.6~25.5	≥25.6
14~	≤16.4	16.5~22.5	22.6~26.3	≥26.4	≤16.0	16.1~22.9	23.0~26.2	≥26.3
15~	≤16.9	17.0~23.0	23.1~26.8	≥26.9	≤16.6	16.7~23.3	23.4~26.8	≥26.9
16~	≤17.3	17.4~23.4	23.5~27.3	≥27.4	≤17.0	17.1~23.6	23.7~27.3	≥27.4
17~	≤17.7	17.8~23.7	23.8~27.7	≥27.8	≤17.2	17.3~23.7	23.8~27.6	≥27.7

参考资料：《学龄儿童青少年营养不良筛查》(WS/T 456—2014)、《学生健康检查技术规范》(GB/T 26343—2010)。

儿童青少年需要依据不同性别、年龄 BMI 的标准，判断体重是否健康。

3. 多吃蔬果、奶类、大豆

新鲜蔬菜水果、奶类、大豆及豆制品是平衡膳食的重要组成部分，坚果是膳食的有益补充。

蔬菜水果富含维生素、矿物质和膳食纤维，且能量较低，提高蔬菜水果摄入量，可维持机体健康，有效降低心血管、肺癌和糖尿病等疾病的发病风险。但是目前我国居民蔬菜摄入量偏低，水果摄入长期不足，成为制约平衡膳食和导致某些微量营养素不足的重要原因。我们应做到餐餐有蔬菜，14~17 岁儿童应保证每天摄入 450~500g 蔬菜，深色蔬菜应占 1/2；要天天吃水果，保证每天摄入 300~350g 新鲜水果，要注意，果汁不能代替鲜果。

奶类不仅钙含量高，而且钙、磷比例合适，还含有维生素 D、乳糖、氨基酸等促进钙吸收的因子，钙的吸收利用率高，是膳食钙的良好来源。大豆富含优质蛋白质、不饱和脂肪酸、钙及 B 族维生素，是我国居民优质蛋白质的重要来源。我们应当吃各种各样的奶制品，每天摄入液态奶 300g 或相当量的奶制品。要经常

蔬菜 100g/份	 100g 菠菜 　　100g 菠菜 　　100g 菠菜(熟) 100g 油菜 2 颗(手长) 　　100g 油菜 5 颗(手中指长) 　　100g 油菜 (熟) 100g 芹菜 　　100g 芹菜 　　100g 芹菜
水果 100g/份	 1 份,130g 生重 (100g 可食部计) 　　2 份,260g 生重 (200g 可食部计) 1 份,135g 生重 (100g 可食部计) 　　2 份,270g 生重 (200g 可食部计)

图 4-1-2　蔬菜、水果、奶类、豆类、坚果标准份示意图

参考资料:中国营养学会. 中国居民膳食指南(2016). 北京:人民卫生出版社,2016.

豆类： 20~25g 大豆 / 份	 20g 大豆　＝　60g 北豆腐　＝　45g 豆干　＝　150g 内酯豆腐
奶类： 200~250ml/ 份	 200ml 牛奶　＝　25g 奶酪　＝　一份酸奶(125ml×2)
坚果类： 10g/ 份	 10g 瓜子仁　＝　24g 瓜子 20g 花生米,2 份　＝　28g 花生

图 4-1-2(续)

吃豆制品,每周达到 105~175g。适量吃坚果,每周 50~70g。

结合图 4-1-2,我们每天要摄入蔬菜 4~5 份,水果 3~4 份,豆类约 1 份,奶制品要饮用一杯或一盒纯牛奶,再加上一杯酸奶或者一点奶酪等其他奶制品,坚果可以作为零食食用相当于白天一小把坚果,不宜多吃。

4. 适量吃鱼、禽、蛋、瘦肉

鱼、禽、蛋和瘦肉可提供人体所需要的优质蛋白质和多种微量营养素,但是肥肉含有较多的饱和脂肪酸和胆固醇,过多摄入对健康不利,烟熏和腌制肉制品含有较多的盐,同时也存在一些食品安全问题,因此应当少吃肥肉、烟熏和腌制肉制品。鸡蛋是优质蛋白质的来源,蛋黄中维生素含量丰富,同时含有多种矿物质。建议适量摄入肉类,14~17 岁儿童每天吃鱼类等水产品 50~75g,畜禽肉 50~75g,蛋类 50g。结合图 4-1-3,我们每天要食用鱼肉等水产品约 1~1.5 份,畜禽肉约 1~1.5 份,鸡蛋或鸭蛋 1 个。

肉类 40~50g/份	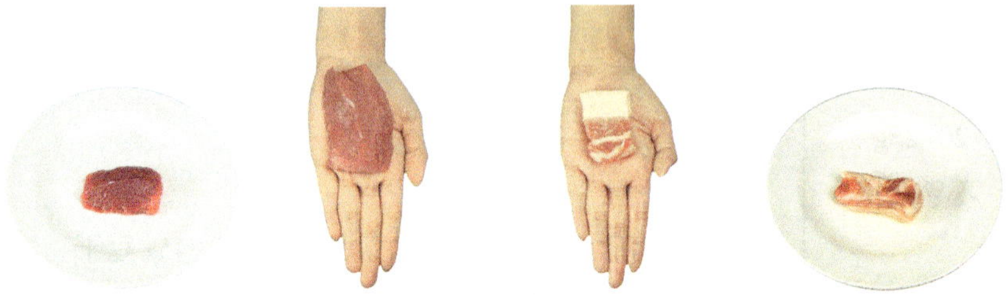 50g 瘦肉 （脂肪 5%~10%）	50g 瘦肉 （脂肪 5%~10%）	25g 五花肉 （脂肪 40%~58%）	50g 五花肉 （脂肪 40%~58%）
鱼类 40~50g 可食 部/份	50g 三文鱼	50g 三文鱼	90g 草鱼 （可食部 50g）	
	65g 带鱼段 （可食部 50g）	65g 带鱼段 （可食部 50g）		
虾 40~50g/份	85g 草虾（可食部 50g）	50g 小银鱼		
蛋类 40~50g/份	 52g　60g　70g　87g			

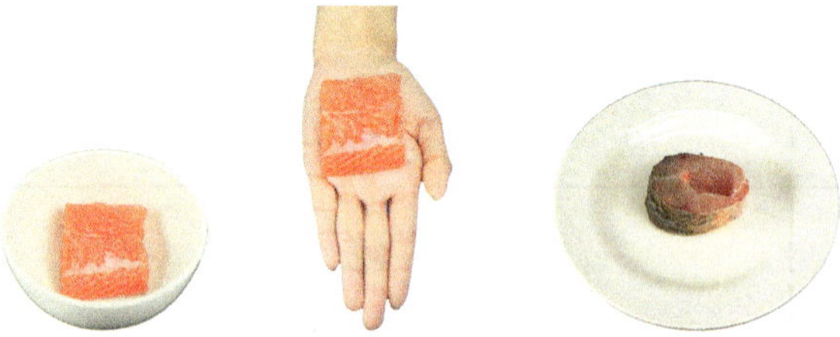

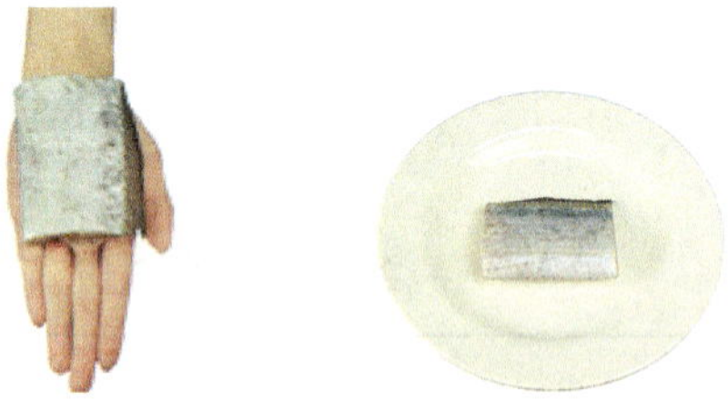

图 4-1-3　肉类、鱼类、虾、蛋类标准份示意图

参考资料：中国营养学会．中国居民膳食指南(2016)．北京：人民卫生出版社，2016.

由于鱼肉和禽肉脂肪含量相对较低,水产品含有较多的不饱和脂肪酸,对预防血脂异常和心血管疾病等有一定作用,因此应当优先选择鱼肉和禽肉。鸡蛋所含的脂肪、维生素和矿物质主要集中在蛋黄中,因此吃鸡蛋不应弃蛋黄。

5. 少盐少油,控糖限酒

食盐是食物的主要调味品,但过多的食盐摄入与高血压、胃癌和脑卒中等疾病的发生有关,因此我们要降低食盐摄入,培养清淡口味,成人每天食盐摄入量不超过 5g。另外,要小心食物中的"隐性盐",如酱油、味精、黄豆酱、蚝油等调味料;咸菜、腐乳等食物都含有较多的盐,很多食品添加剂如谷氨酸钠、碳酸氢钠、苯甲酸钠等也含有钠,因此"减盐"也要注意减少"隐性盐"的摄入。

烹调油包括植物油和动物油,是人体必需脂肪酸和维生素 E 的重要来源,但过多脂肪和动物脂肪摄入会增加肥胖发生风险,反式脂肪酸摄入过多会增加心血管疾病的发生风险,因此,应当尽量减少油脂摄入,每天烹调油摄入控制在 25~30g,每日反式脂肪酸摄入量不超过 2g。

添加糖是纯能量食物,过多摄入可增加龋齿和超重肥胖的风险,因此要控制添加糖的摄入量,每天摄入不超过 50g,最好控制在 25g 以下。含糖饮料是指糖含量在 5% 以上的饮品。多数饮品含糖在 8%~11%,有的高达 13%,喝含糖饮料很容易在不知不觉中超过 50g 糖的限量,因此,我们要少喝或不喝含糖饮料。

控油壶、定量盐罐和盐勺

过量饮酒会增加肝损伤、痛风等疾病的发生风险,成人如果饮酒,男性一天饮用酒的酒精量不超过 25g,女性不超过 15g。儿童青少年饮酒会导致注意力、记忆力和学习能力下降,因此儿童青少年禁止饮酒。

水是膳食的重要组成部分,在生命活动中发挥重要作用。白开水廉价易得,安全卫生,不增加能量,人体补充水分最好的方式是饮用白开水。应足量饮水,14~17 岁男生每天饮水 1 400ml(7~8 杯),女生每天饮水 1 200ml(6~7 杯),提倡饮用白开水和茶水。

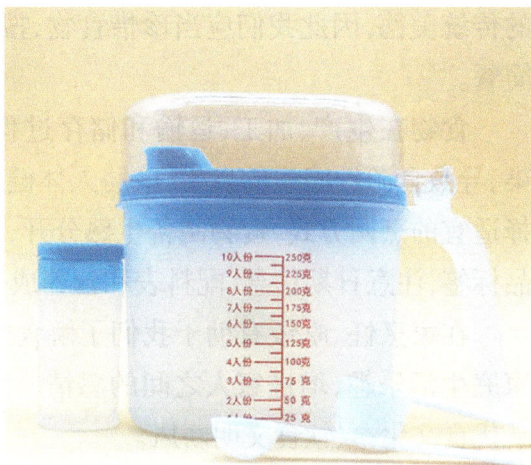

水
200~250ml/份

200ml 水，一份　　　500ml 瓶装水，2.5 份

水的标准份示意图

参考资料：中国营养学会. 中国居民膳食指南(2016). 北京：人民卫生出版社,2016.

6. 杜绝浪费,兴新食尚

食物是人类获取营养、赖以生存和发展的物质基础,勤俭节约是中华民族的传统美德,因此我们应当珍惜食物,按需备餐,提倡生活中实行分餐制或食用简餐。

食物在生产、加工、运输和储存过程中可能会被致病菌和有毒有害物质污染,导致食源性疾病的发生,威胁人体健康,因此我们应选择新鲜卫生的食物,选择适宜的烹调方式,食物制备生熟分开,熟食二次食用前要热透。要学会阅读食品标签,注意日期信息、配料表和营养成分表,合理选择预包装食品。

在家烹饪、吃饭有助于我们了解食物,最大限度地保证食物多样性,并增加家庭生活乐趣,增进家人之间的感情。我们应多回家吃饭,享受食物和亲情,传承优良文化,兴饮食文明新风。

（二）膳食宝塔

中国居民平衡膳食宝塔是根据《中国居民膳食指南（2016）》的核心内容和推荐，结合中国居民膳食的实际情况，把平衡膳食的原则转化为各类食物的数量和比例的图形化表示。

平衡膳食宝塔共分 5 层，各层面积大小不同，体现了 5 类食物和食物量的多少。5 类食物包括谷薯类、蔬菜水果类、畜禽肉蛋类、奶类、大豆和坚果类以及烹饪用油盐。宝塔旁边的文字注释，标明了能量在 1 600~2 400kcal 之间时，一段时间内成人每人每天各类食物摄入量的平均范围。例如，谷薯类一层指的是，一天总能量摄入在 1 600~2 400kcal 时，谷薯类的摄入总量要达到 250~400g，其中全谷物 50~150g（包括杂豆类），新鲜薯类 50~100g。

中国居民平衡膳食宝塔（2016）

盐	<6克
油	25~30克
奶及奶制品	300克
大豆及坚果类	25~35克
畜禽肉	40~75克
水产品	40~75克
蛋类	40~50克
蔬菜类	300~500克
水果类	200~350克
谷薯类	250~400克
全谷物和杂豆	50~150克
薯类	50~100克
水	1 500~1 700毫升

每天活动6 000步

参考资料：中国营养学会．中国居民膳食指南(2016).北京：人民卫生出版社,2016.

三、课堂实践与拓展

1. 选择题

(1)《中国居民膳食指南(2016)》推荐每人每天和每周至少分别吃多少种

食物？

    A. 10 种和 20 种　　　　　　　B. 12 种和 25 种

    C. 15 种和 30 种　　　　　　　D. 20 种和 40 种

(2)《中国居民膳食指南(2016)》推荐,鱼、禽、蛋和瘦肉摄入要_____

    A. 少量　　　　B. 足量　　　　C. 适量

(3)《中国居民膳食指南(2016)》推荐,成年人每天要饮水_____

    A. 1 300~1 500ml　　　　　　B. 1 400~1 600ml

    C. 1 500~1 700ml　　　　　　D. 1 600~1 800ml

2. 回家向父母宣传《中国居民膳食指南(2016)》的六条推荐。

3. 明天吃早、午、晚三餐时,用食物的标准份量估计一下,你吃了几份谷类、薯类、蔬菜和水果,并评价一下你一天的各类食物摄入量是否达到了《中国居民膳食指南(2016)》中的推荐量。

四、扩展阅读

(一) 中国居民膳食指南的制定

我国于 1989 年首次发布《我国居民膳食指南》,并于 1997 年和 2007 年进行了两次修订,为适应居民营养健康的需要,2014 年,国家卫生计生委委托中国营养学会组织专家根据我国居民膳食结构的变化,历经两年多时间,修订完成《中国居民膳食指南(2016)》。

(二) 我国和其他国家膳食指南和宣传图形

在世界范围内,膳食指南作为公共卫生政策的组成部分已有百年以上历史,由早期营养目标、食物指南、食物消费指南等阶段演变而来。各国膳食指南都是结合本国国情和居民营养状况提出的食物选择和身体活动的健康指南,通常有文字版和图形版两种表现形式。文字版包括关键条目推荐和全文(主要是对关键条目信息的解释,有些国家的膳食指南会根据受众的不同分为专业工作者版本和大众阅读版本);图形版作为膳食指南的另一重要组成部分,能够更为直观的展现出膳食指南的关键内容,增加人们对膳食指南的兴趣(见各国膳食指南宣传图形)。

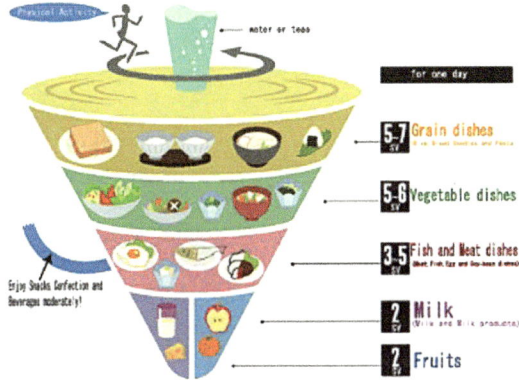

日本（2005）

韩国（2010）

泰国（1996）

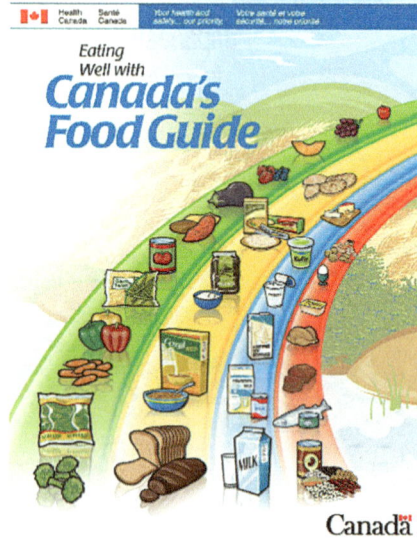

加拿大（2011）

法国（2002）

第二课　吃动平衡

一、教学目标和重点

指导学生了解吃动平衡对健康的重要性,掌握如何做到吃动平衡和如何换算食物的能量摄入及身体活动的能量消耗。

二、教学内容

(一) 什么是能量平衡

能量是维持生命活动的基础。我们从食物中获取能量,能够提供能量的三大营养素为碳水化合物、蛋白质和脂类。这些能量用来维持基础代谢、身体活动和食物热效应,以及满足一些特殊生理阶段的能量消耗。

基础代谢是维持人体最基本生命活动所需要的能量消耗,包括维持体温、心跳、呼吸、各器官组织和细胞功能等所必需的能量消耗,占人体总能量消耗的60%~70%,是经过 10~12 小时空腹和良好睡眠、清醒仰卧、22~26℃恒温条件下,无任何身体活动和紧张思维活动,全身肌肉放松时所需要的能量消耗。肌肉组织消耗能量高于脂肪组织,相同年龄和体表面积,男性肌肉组织比例比女性高,基础代谢更旺盛,健身的人肌肉更发达,基础代谢也更高。

身体活动是除基础代谢外,影响能量消耗的最重要部分,占总能量消耗的15%~30%,也是唯一可以自我掌控的部分。不同身体活动水平的人能量消耗差异可能较大,如以静态活动为主或轻体力劳动者,身体活动的消耗约为基础代谢的1/3,而重体力劳动者如运动员,其能量消耗可达到基础代谢的2倍。

人体摄食的过程也会引起能量消耗,称为食物热效应,是人体在摄食后发生消化、吸收、代谢过程中所消耗的能量。每天食物热效应所消耗的能量相当于基础代谢的10%。

还有一些特殊的生理阶段需要消耗额外的能量,如孕期维持胎儿生长和母体变化的消耗,哺乳期产生母乳的消耗,婴幼儿、儿童、青少年生长发育的消耗。儿童青少年生长发育的能量需要量为总能量的1%~2%。

人体能量代谢最佳状态是达到能量摄入与能量消耗的平衡。能量失衡,即能量缺乏或过剩,都对身体健康不利。人体可以通过调整饮食和身体活动水平来控制能量摄入与消耗,达到吃动平衡。

能量摄入
- 食物(碳水化合物、蛋白质、脂类)
- 酒精

能量消耗
- 基础代谢(60%~70%)
- 身体活动(15%~30%)
- 食物热效应(6%~7%)
- 特殊生理阶段

体重

(二) 能量失衡的危害

当能量长期摄入不足或消耗过多、不能满足正常的生长和发育的需要时,就可能会导致体重过低或消瘦。当能量摄入量高于需求量时,多余的能量将以脂肪的形式储存在体内,使体重增加,发生超重和肥胖。无论能量缺乏或过剩都会影响人体健康,导致发生各种疾病的风险增加,缩短寿命。

目前,我国居民普遍存在身体活动不足、能量摄入相对过多的问题,导致超重和肥胖率不断增加。超重肥胖是许多慢性疾病的危险因素,如心血管疾病、2

型糖尿病、某些肿瘤等。而能量和蛋白质长期摄入不足的儿童,通常伴有微量元素不足,他们体重下降,身高不足,生长发育受到抑制,且消瘦无力,抵抗力下降,容易感染疾病。

(三) 如何实现能量平衡

1. 每日能量需要量

不同年龄、性别儿童的能量需要量不同。不同年龄、性别的儿童每日膳食能量摄入应达到能量需要量,才能够保持良好的健康状态、维持良好的体形和机体构成,以及理想活动水平(表 4-2-1)。身体活动水平高的儿童需要摄入的能量比活动水平低的儿童更高。

表 4-2-1　高中生每日能量需要量 *

单位:kcal/d

年龄 / 岁	男	女
14	2 300	1 900
15	2 550	2 050
16	2 600	2 050
17	2 650	2 100

* 按照轻体力活动水平。

参考资料:中国营养学会 . 中国居民膳食营养素参考摄入量(2013 版). 北京:科学出版社,2014.

2. 食物提供的能量

食物为人体提供能量和营养素。产能营养素为碳水化合物、蛋白质和脂类,1g 碳水化合物约产生 4kcal 的能量,1g 蛋白质约产生 4kcal 的能量,1g 脂肪约产生 9kcal 的能量。此外,1g 酒精也能产生 7kcal 的能量。

(1) 常见食物标准份提供的能量

不同类别的食物中所含的碳水化合物、蛋白质和脂肪比例不同,所提供的能量也不同。常见食物的标准份量及提供能量见表 4-2-2。

(2) 能量密度

能量密度是指单位体积或单位重量的食物所提供的能量。通常单位体积或重量食物中含有的脂肪比例高的食物,能量密度就高。能量密度高的食物有油炸食品及奶油制品,若经常食用或食用量大很容易造成能量摄入过多。能量密

表 4-2-2　常见食物的标准份量及提供能量(以可食部计)

食物类别		g/ 份*	能量 /kcal	备注
谷类		50~60	160~180	面粉 50g=70~80g 馒头 大米 50g=100~120g 米饭
薯类		80~100	80~90	红薯 80g= 马铃薯 100g
蔬菜类		100	15~35	高淀粉类蔬菜,如甜菜、鲜豆类能量比叶类蔬菜更高,每份重量应减少
水果类		100	40~55	100g 梨和苹果,相当于高糖水果如枣 25g,柿子 65g
畜禽肉类	瘦肉(脂肪含量<10%)	40~50	40~55	
	肥瘦肉(脂肪含量 10%~35%)	20~25	65~80	
水产类	鱼类	40~50	50~60	
	虾贝类		35~50	
蛋类(含蛋白质 7g)		40~50	65~80	一般鸡蛋 50g,鹌鹑蛋 10g,鸭蛋 80g
大豆类(含蛋白质 7g)		20~25	65~80	黄豆 20g= 北豆腐 60g= 南豆腐 110g= 豆干 45g= 豆浆 360~380ml
坚果类(含油脂 5g)		10	40~55	淀粉类坚果相对能量较低,如葵花籽仁 10g= 板栗 25g= 莲子 20g
乳制品	全脂(含蛋白质 2.5%~3.0%)	200~250ml	110	200ml 液态奶 =20~25g 奶酪 =20~30g 奶粉
	脱脂(含蛋白质 2.5%~3.0%)	200~250ml	55	
饮料	碳酸饮料	330ml	150	
	红茶饮料	500ml	196	
	糖水饮料	500ml	252	
	凉茶饮料	310ml	112	
	维生素饮料	600ml	129	

*:指食物生重。

参考资料:《中国居民膳食指南(2016)》《中国学龄儿童膳食指南(2016)》《中国学龄儿童少年超重和肥胖预防控制指南》。

度低的食物有蔬菜水果,这两类食物体积大而能量密度较低,又富含膳食纤维,容易给人饱腹感同时不摄入过多能量,控制体重可以多选择能量密度低的食物。

(3)预包装食品提供的能量

预包装食品(也就是包装食品)可以通过外包装上的营养标签查看单位重量(通常是 100g 或 100ml)所提供的能量以及蛋白质、脂肪、碳水化合物和钠等营养素的含量。计算所提供总能量时,应乘以包装中所含单位重量的份数,并参考营养素参考值(NRV%),了解该食品的能量密度水平,把握如何选择和食用。营养标签上标注的能量单位是 kJ,4.2kJ=1kcal。

3. 身体活动消耗的能量

在能量消耗的四个主要途径中,只有身体活动的消耗是可以自我调节的。不同内容、类型、强度、持续时间的身体活动单位时间、单位体重所消耗的能量不同。常见的身体活动能量消耗情况见表 4-2-3。

表 4-2-3　不同身体活动的能量消耗

活动项目		每千克体重每分钟的能量消耗 /（kcal·kg^{-1}·min^{-1}）
家务活动	盥洗、穿衣	0.045
	烹饪、扫地	0.048
	铺床、清扫房间	0.056
	擦地、擦玻璃	0.062
休闲活动	立位	0.060
	走、跑	0.088
	乘车	0.027
	步行(缓慢)	0.048
	步行(50~55m/min)	0.052
	步行(110~120m/min)	0.076
	步行(120m/min)	0.097
	上下楼	0.057
	跳舞(中等强度)	0.061
	跳舞(剧烈)	0.083
	跳绳	0.130
	钓鱼	0.062

续表

活动项目		每千克体重每分钟的能量消耗 / （kcal·kg⁻¹·min⁻¹）
演奏乐器	吉他、笛子、大提琴	0.032
	弹钢琴	0.040
	吹喇叭	0.060
	打鼓	0.067
运动	体操	0.053~0.066
	武术	0.121
	跑步（跑走结合 <10min）	0.098
	慢跑	0.115
	爬山	0.121
	划船	0.060
	羽毛球	0.075~0.091
	台球	0.042
	乒乓球	0.068
	排球	0.052~0.076
	篮球	0.098~0.138
	网球	0.109
	足球	0.132
	滑冰	0.084~0.115
	滑旱冰	0.115
	骑自行车（慢骑）	0.058~0.101
	骑自行车（快骑）	0.101~0.142
	游泳（10m/min）	0.050
	游泳（20m/min）	0.070
	游泳（30m/min）	0.170

参考资料：陈春明 . 中国学龄儿童少年超重和肥胖预防与控制指南 . 北京：人民卫生出版社，2008.

4. 如何判断能量是否平衡

体重变化是判断一段时期内能量平衡与否的最简易的指标。每个人可根据自身体重的变化情况适当调整食物摄入量和身体活动量。如果发现体重持续增加或减轻,则应该引起重视。

高中生由于尚处于生长发育阶段,无法直接用体重变化判断能量平衡,可通过计算体重指数(BMI)监测一段时间内体重情况(消瘦、正常、超重或肥胖)是否变化来判断"吃"与"动"是否平衡,并随时调整。对于 18~64 岁的成年人,体重情况判断方法与儿童不同:$BMI<18.5kg/m^2$ 为体重过低,$18.5kg/m^2 \leq BMI<24.0kg/m^2$ 为体重正常,$24.0kg/m^2 \leq BMI<28.0kg/m^2$ 为超重,$BMI \geq 28.0kg/m^2$ 为肥胖。

(四)长期坚持吃动平衡

保持健康体重和健康生活方式不是一蹴而就的,需要长期坚持。有研究发现,即使每天仅增加不多的能量,如水饺 25g(2~3 个饺子)或 5g 烹调油,累计起来一年相当于增加了 1kg 体重,10 年下来可以将一个体重正常的人变为肥胖者。因此,保持能量平衡要从食不过量做起,学生应该定时定量进餐,不要吃得过饱,减少能量密度高的食物摄入,减少在外就餐。同时坚持运动,每天累计至少 60 分钟的中等或高等强度的身体活动,减少久坐和视屏时间。不要通过节食来减重,应通过合理饮食和积极运动保持健康体重和吃动平衡,做自己健康的第一责任人。

三、课堂实践与拓展

(一)课堂练习

计算题

小明体重有些超重,他想戒掉吃零食的习惯,但他今天吃了半袋同学的饼干,1 袋饼干重量为 116g,营养标签如下。他想通过运动消耗掉这些多摄入的能量。小明体重为 60kg,他打算中午和同学打乒乓球,结合表 4-2-3,请问他需要运动多长时间?

营养成分表

项目	每100g	营养素参考值/%
能量	2 035kJ	24
蛋白质	4.8g	8
脂肪	22.5g	38
碳水化合物	65.0g	22
钠	420mg	21

（二）课后操作

请结合自己的实际情况，说说保持能量平衡的方法有哪些。

四、扩展阅读

（一）体成分和体脂百分比

人的身体构成即为体成分。体成分可分为体脂（fat mass，FM）和去脂体重（fat free mass，FFM），去脂体重包括骨骼、肌肉、内脏等。伴随着细胞、组织的不断生长、发育和分化，儿童的体成分不断变化，并存在性别差异。青春期以前，女生的体脂量高于男生，而男生的去脂体重高于女生。青春期以后性别差异更加明显，男生去脂体重增加显著，女生的体脂量和体脂百分比随年龄不断增加。

人体脂肪组织重量占体重的百分比称为体脂百分比（BF%），是判断肥胖的重要指标。常见的测量方法包括双能X线吸收法（DXA）和生物电阻抗法（BIA）等。DXA不仅可以测量全身脂肪量，也可以区分身体不同部位如躯干、四肢的脂肪量，以及内脏和皮下的脂肪量，可以预测个体心血管代谢异常的发生风险。BIA法可以获得人体脂肪重量百分比、肌肉重量百分比、骨重量百分比和体液重量的百分比，准确性不如DXA，但更经济便捷。

目前国际上关于用体脂百分比判断肥胖缺乏统一标准，一些研究认为成年男性体脂含量>25%可诊断为肥胖，成年女性>30%可诊断为肥胖。我国尚缺乏评价体脂百分比和肥胖程度的标准，有专家建议在研究工作中可以采用以下标准（表4-2-4）：

表 4-2-4 体脂百分比判定儿童青少年肥胖程度

性别	年龄	轻度肥胖	中度肥胖	重度肥胖
男	6-18	20%	25%	30%
女	6-14	25%	30%	35%
	15-18	30%	35%	40%

参考资料:叶广俊.现代儿童少年卫生学.北京:人民卫生出版社,1999.

(二)学龄儿童体重情况判断方法

儿童超重和肥胖通常采用分年龄、分性别的体重指数(BMI)判定(表 4-2-5)。BMI= 体重(kg)/ 身高的平方(m^2)。

表 4-2-5 我国 6~17 岁儿童营养状况判别标准

年龄/岁	男生 BMI/(kg·m^{-2})				女生 BMI/(kg·m^{-2})			
	消瘦	正常	超重	肥胖	消瘦	正常	超重	肥胖
6~	≤13.4	13.5~16.7	16.8~18.4	≥18.5	≤13.1	13.2~16.9	17.0~19.1	≥19.2
7~	≤13.9	14.0~17.3	17.4~19.1	≥19.2	≤13.4	13.5~17.1	17.2~18.8	≥18.9
8~	≤14.0	14.1~18.0	18.1~20.2	≥20.3	≤13.6	13.7~18.0	18.1~19.8	≥19.9
9~	≤14.1	14.2~18.8	18.9~21.3	≥21.4	≤13.8	13.9~18.9	19.0~20.9	≥21.0
10~	≤14.4	14.5~19.5	19.6~22.4	≥22.5	≤14.0	14.1~19.9	20.0~22.0	≥22.1
11~	≤14.9	15.0~20.2	20.3~23.5	≥23.6	≤14.3	14.4~21.0	21.1~23.2	≥23.3
12~	≤15.4	15.5~20.9	21.0~24.6	≥24.7	≤14.7	14.8~21.8	21.9~24.4	≥24.5
13~	≤15.9	16.0~21.8	21.9~25.6	≥25.7	≤15.3	15.4~22.5	22.6~25.5	≥25.6
14~	≤16.4	16.5~22.5	22.6~26.3	≥26.4	≤16.0	16.1~22.9	23.0~26.2	≥26.3
15~	≤16.9	17.0~23.0	23.1~26.8	≥26.9	≤16.6	16.7~23.3	23.4~26.8	≥26.9
16~	≤17.3	17.4~23.4	23.5~27.3	≥27.4	≤17.0	17.1~23.6	23.7~27.3	≥27.4
17~	≤17.7	17.8~23.7	23.8~27.7	≥27.8	≤17.2	17.3~23.7	23.8~27.6	≥27.7

参考资料:《学龄儿童少年营养不良筛查》(WS/T 456—2014)、《学生健康检查技术规范》(GB/T 26343—2010)、世界卫生组织 2007 年"学龄儿童少年生长参考标准"。

(三)什么是身体活动水平

能量的需要量与年龄、性别、生理状态、体重及身体活动量有关。身体活动水平(physical activity level,PAL)是指每日总能量消耗与用于基础代谢的能量消

耗的比值。低 PAL 指轻身体活动水平,静态生活方式或从事坐位工作,有时需要走动或站立,但很少有重体力的休闲活动,如办公室职员、司机、学生、实验室助理等职业或人群;低 PAL=1.50。中 PAL 指中等身体活动水平,主要是站着或走着工作,如家庭主妇、销售人员、侍应生等职业或人群;中 PAL=1.75。高 PAL 指重身体活动水平,从事重体力职业工作或重体力休闲生活方式,如建筑工人、农民、林业工人、矿工、运动员等职业或人群;高 PAL=2.0。

(四)《国民营养计划(2017—2030 年)》之"吃动平衡行动"

为贯彻落实《"健康中国 2030"规划纲要》,国务院于 2017 年发布了《国民营养计划(2017—2030 年)》。提出开展六项重大行动,包括生命早期 1 000 天营养健康行动、学生营养改善行动、老年人营养改善行动、临床营养行动、贫困地区营养干预行动、吃动平衡行动。

"吃动平衡行动"提出要积极推进全民健康生活方式,广泛开展以"三减三健"(减盐、减油、减糖,健康口腔、健康体重、健康骨骼)为重点的专项行动。推广应用《中国居民膳食指南》指导日常饮食,控制食盐摄入量,逐步量化用盐用油,同时减少隐性盐摄入。倡导平衡膳食的基本原则,坚持食物多样、谷类为主的膳食模式。宣传科学运动理念,培养运动健身习惯,加强个人体重管理,对成人超重、肥胖者进行饮食和运动干预。

高二年级

第一课　计划聚餐

一、教学目标和重点

了解在家聚餐的过程,学会如何科学合理的配餐,以及如何准备聚餐的食物。

二、教学内容

邀请别人来家里做客、吃饭,是我国悠久的饮食文化传统。在家吃饭不仅更加安全、卫生,还能加强家庭成员或朋友之间的沟通,增进感情,同时培养儿童尊老爱幼、避免食物浪费等优良的品德和良好的行为习惯。

（一）计划在家聚餐的过程

邀请同学、朋友、亲戚在家聚餐,要知道从制订菜单、购买食材,到食物制备、烹饪、餐桌礼仪等计划聚餐中的环节和步骤。

第一步:确定聚餐人数

在聚餐之前,首先确定自己要邀请哪些人,同时发出邀请。在得到确认答复后,还要询问对方是否对某种食物过敏或者忌口,尽量照顾到大多数人的喜好和禁忌。

第二步:制订菜单

确定食物种类和数量,注重营养搭配,避免浪费。根据不同年龄的食物推荐量确定菜单,制订带量食谱。尽可能地选择多种食物搭配,保证食物多样性。

第三步:制订采购计划

根据菜单列好采购计划,做好聚餐前的准备工作。

第四步：购买食材

按需购买，尽量选择当地、当季的食材，既保证新鲜又避免浪费。

第五步：制作烹饪

首先在清洗、加工食物时注意生熟分开，避免致病微生物的污染。尽量选择急火快炒、清蒸、水煮等加工方式，注意控制盐、油的用量。

第六步：快乐就餐

围桌就餐时要注重餐桌礼仪，谦让有度，注意坐姿食相；提倡分餐，尽量使用公筷公勺；按需取餐，避免浪费食物。

第七步：餐后整理

聚餐结束后，合理安排，做好清洁和整理，将厨房和餐厅回归到聚餐之前的整洁样貌，注意垃圾分类。倡导分工合作，每人都出一份力。

（二）在家聚餐的食物准备过程

下面将重点介绍在家聚餐的准备过程，包括如何制订菜单，确定食物种类和量，采购食物和制作烹调等。

1. 制订菜单

制订菜单既要考虑口味、风味，更要注重食物的营养价值。首先要通过合理的营养搭配原则确定食物种类，再根据膳食推荐量确定食物量，最后制订出符合营养标准和能量需求的带量食谱。

（1）食物多样，搭配合理

一份营养搭配合理、科学的菜单首先要做到食物种类多样。每餐的食物可以包括谷薯类、蔬菜水果类、畜禽鱼蛋奶类和大豆坚果类这四大类。应尽量包含各类食物中的各种食物。同类食物之间可以互换，从而增加食物的丰富性。比如，大米可以与面粉互换;大豆可以与相当量的豆腐互换;瘦肉可与鱼肉或蛋互换。要注意选择深色蔬菜和全谷物。

(2) 确定食物用量

在准备食物时要根据相应年龄的推荐量适量准备,避免摄入过量的食物和浪费。

17 岁学生每天要食用谷类 300g,其中包括 100g 全谷物和杂豆,100g 薯类。要做到餐餐吃蔬菜,每餐最好吃半盘蔬菜,一天食用的蔬菜总量应达到 500g,深色蔬菜最好能占到一半。适量食用肉类,畜禽肉和水产类每人每天 150g,蛋类 50g。应当天天吃水果,每人每天要吃 350g 水果,大概相当于 1~2 个苹果的量,可以根据喜好搭配食用多种水果,比如一天吃一个苹果加一个橘子等。

在制订某一餐的菜单时,可以根据餐次比和全天食物的推荐量进行计算。若午餐的能量供应占全天能量供应的 40%,那么午餐各类食物的推荐量可计算为:

	谷薯类	蔬菜水果类	畜禽鱼蛋奶类	大豆坚果类	食盐、烹调油	水
午餐推荐量(17 岁)	谷类 120g,其中全谷物和杂豆 40g 薯类 40g	蔬菜 200g 水果 140g	畜肉与水产品 60g 蛋类 20g 奶及奶制品 120g	大豆 10g (相当于 30g 豆腐) 坚果 4g	盐 2g 烹调油 10g	560ml

注:上述食物的推荐量均为食物可食部分的生重量,也是各种食物摄入量的平均值。

（3）制订带量食谱

根据食物多样原则和相应年龄的推荐量制订某一餐或全天的带量食谱。下面将以 8 名高二年级（17 岁）的同学在家聚餐为例，设计一顿午餐的带量食谱：

	菜品名称	食物名称及人均量 /（g·人⁻¹）	总量（8 人）	食物类别	营养特点
主食	米饭	大米 80g	640g	谷薯类	谷类主要包含碳水化合物，为人体活动提供能量
	大丰收	长山药 20g	160g	谷薯类	薯类可以提供较多的膳食纤维、B 族维生素等
		红薯 20g	160g		
		玉米 40g	320g		
菜肴	果仁拌菠菜	菠菜 60g	480g	蔬菜水果类	蔬菜含有丰富的维生素、矿物质、膳食纤维和植物化学物等
		花生 2g	16g	大豆坚果类	坚果富含蛋白质、脂肪、矿物质、维生素 E 和 B 族维生素
	红烧鸡翅	鸡翅 45g	360g	畜禽鱼蛋奶类	肉类提供人体所需的优质蛋白质和多种微量营养素
	清蒸大虾	草虾 20g	160g	畜禽鱼蛋奶类	
	西红柿炖牛腩	西红柿 40g	320g	蔬菜水果类	
		牛腩 20g	160g	畜禽鱼蛋奶类	
	麻婆豆腐	豆腐 30g	240g	大豆坚果类	大豆含有丰富的蛋白质、不饱和脂肪酸、钙、钾和维生素 E
	炒合菜	绿豆芽 20g	160g	蔬菜水果类	
		韭菜 20g	160g		
		粉丝 5g	40g		
		胡萝卜 20g	160g		
	腰果炒芹菜	腰果 2g	16g	大豆坚果类、蔬菜水果类	
		芹菜 40g	320g		
	紫菜蛋花汤	紫菜 2g	16g	蔬菜水果类、畜禽鱼蛋奶类	
		鸡蛋 10g	80g		

续表

	菜品名称	食物名称及人均量 / (g·人⁻¹)	总量(8人)	食物类别	营养特点
甜点	水果拼盘	西瓜 50g	400g	蔬菜水果类	水果含有丰富的维生素、膳食纤维以及植物化学物
		哈密瓜 20g	160g		
		小番茄 20g	160g		
		橙子 20g	160g		
	芒果双皮奶	芒果 30g	240g	蔬菜水果类、畜禽鱼蛋奶类	奶类提供优质蛋白质、钙、维生素 B₂
		牛奶 150g	1 200g		
油		植物油 10g	80g	烹调油	烹调油是人体必需脂肪酸和维生素 E 的重要来源；过多摄入会增加超重肥胖的发生风险
盐		盐 2g	16g		
数量		25 种食物（不包括油和盐）		五大类食物	

2. 采购食物

菜单及食物量确定之后，就可以根据菜单列好采购清单，准备开始购买食物了。容易保存的食物可以提前 1~2 天购买，蔬菜水果、肉类等食物尽量当天购买。

在采购食物的过程中，要注意按需购买，尽量选择当地、当季的食物，既保证新鲜又避免浪费。注意辨别食物是否新鲜，如新鲜肉类表面光泽、有弹性，新鲜鸡蛋的蛋壳完整、清洁、常有一层粉状物，新鲜叶菜类蔬菜叶子青嫩、直立挺拔、有光泽。采购好的食物要注意储藏条件，提前购买的肉类等保质期较短的食物要及时存放在冰箱，注意食品安全。

不提倡大量使用一次性的餐具，注意节约和环保。

3. 烹饪过程

烹饪之前要先对食物进行清洗和切配。蔬菜水果在烹饪前一定要洗干净，一般先冲洗、后浸泡，浸泡时间不超过 10 分钟，然后再用清水冲洗干净即可。一旦发现食物有腐败应立即丢弃。需要注意的是，食物在清洗、切配、储藏的整个过程中一定要生熟分开，处理生食要使用专门的案板、容器等，在烹饪中要常洗

采购清单

日期：_____　　　　人数：<u>8 人</u>

食物名称	重量(g)	重量(两)	食物名称	重量(g)	重量(两)
大米	640g	1 斤 3 两	粉丝	40g	1 两
土豆	160g	3 两	胡萝	160g	3 两
红薯	160g	3 两	腰果	16g	少许
玉米	320g	6 两	芹菜	320g	6 两
菠菜	480g	1 斤 3 两	紫菜	16g	少许
花生	16g	少许	鸡蛋	80g	1 个半
鸡翅	360g	7~8 两	西瓜	400g	8 两
草虾	160g	3~4 两	哈密瓜	160g	3 两
西红柿	320g	6 两	小番茄	160g	3 两
牛腩	160g	3 两	橙子	160g	3 两
豆腐	240g	半斤	芒果	240g	半斤
绿豆芽	160g	3 两	牛奶	1 200g	6 盒(200g/ 盒)
韭菜	160g	3 两			

手,避免致病微生物的污染。

　　清洗后的食物再经过切配就可以开始烹饪了。要尽量选择健康的烹饪加工方式,如快炒、蒸、煮等,享受食物天然的味道,尽量少选择油炸、煎、烤等不健康的烹饪方式。蔬菜在烹饪时可以选择急火快炒,缩短高温加工时间,减少营养素流失;肉类、蛋类一定要完全煮熟,确保食品安全。还要注意少吃熏制、腌制、酱制食品,因为这些食品在加工后含有亚硝酸盐、苯并芘等致癌物质,过多食用有害健康。另外,烹饪过程中要注意控制盐、油的用量,做到少油少盐。

三、课堂实践与拓展

　　请将班里的同学分组,每 5~6 人一组。每组同学根据今天所学的内容,制订一份在家聚餐的带量食谱。菜单要做到营养搭配科学,食物量合理。

四、扩展阅读

1. 少吃熏制、腌制、酱制食品

熏制、腌制、酱制食品有着良好的口味,但是不可以过多食用。熏鱼、熏肉、火腿等食品在加工时需利用木屑等材料闷烧产生的烟气来熏制,以提高其防腐能力,而且使食品产生特殊的香味。但是,烟熏气体中含有致癌物质苯并芘,容易污染食物,必须引起重视。

食物经过高浓度的食盐腌制,可以抑制微生物生长,延长保质期。但是,如果腌制方法不当,反而容易产生危害。如食盐浓度不够高容易导致蔬菜或肉类发霉变质。食盐过多、腌制时间过短会产生亚硝酸盐。长期少量食用亚硝酸盐会对人体产生慢性毒性作用,甚至有致癌作用。因此,如果腌制食物,要注意加足食盐,并低温储藏。

酱制食品中可能添加了亚硝酸盐用于护色和保存,但可引起食物中胡萝卜素、维生素 B_1、维生素 C 及叶酸被破坏。尤其重要的是亚硝酸盐可以转化成致癌物亚硝胺,过多食用有害健康。

2. 我国儿童青少年全天食物建议摄入量

食物类别	7 岁～儿童青少年全天食物建议摄入量 / $(g \cdot d^{-1})$	11 岁～儿童青少年全天食物建议摄入量 / $(g \cdot d^{-1})$	14~17 岁儿童青少年全天食物建议摄入量 / $(g \cdot d^{-1})$
谷类	150~200	225~250	250~300
—全谷物和杂豆	30~70	30~70	50~100
薯类	25~50	25~50	50~100
蔬菜类	300	400~450	450~500
水果类	150~200	200~300	300~350
畜肉类	40	50	50~75
水产品	40	50	50~75
蛋类	25~40	40~50	50
奶及奶制品	300	300	300
大豆(每周)	105	105	105~175
坚果(每周)	—	50~70	50~70

注:上述食物的推荐量均为食物可食部分的生重量。

参考资料:中国营养学会. 中国居民膳食指南 (2016). 北京:人民卫生出版社,2016.

第二课　营养政策法规

一、教学目标和重点

指导学生认识我国食品安全和营养健康方面的政策法规体系，了解几种主要政策、法律法规的主要内容，将营养、健康和食品安全的理念融入日常生活中，同时学会用法律法规保护自己的合法权益。

二、教学内容

营养是人类维持生命、生长发育和健康的重要物质基础，是人类体能和智能发展的必要条件。食物营养、食品的质量和安全与我们的生活息息相关。"国以民为本，民以食为天，食以安为先"，这句话深刻道出了食物营养和食品安全对我们的身体健康和国家发展的重要性。我国政府始终把人民群众的健康摆在重要位置，近年来，为了改善国民营养状况，保障食品安全，我国出台了一系列的政策、法律和法规，从不同层面、不同角度保障我国居民的营养与健康。

(一)《中华人民共和国食品安全法》

《中华人民共和国食品安全法》(以下简称《食品安全法》)的前身是《中华人民共和国食品卫生法》。2009 年 2 月 28 日第十一届全国人民代表大会常务委员会第七次会议通过《食品安全法》;2015 年 4 月 24 日第十二届全国人民代表大会常务委员会第十四次会议修订《食品安全法》;现行的《食品安全法》根据2018 年 12 月 29 日第十三届全国人民代表大会常务委员会第七次会议《关于修改〈中华人民共和国产品质量法〉等五部法律的决定》修正。

新修订的《食品安全法》共分十章，分别就食品安全风险监测和评估、食品安全标准、食品生产与经营、食品检验、食品进出口、食品安全事故处置六个核心角度进行了规定,涉及食品生产企业、国家卫生行政部门、农业行政部门、地方政府等多方面的责任主体,是我国食品安全最有力最重要的法律保障。《中华人民共和国食品安全法实施条例》已经于 2019 年 3 月 26 日国务院第 42 次常务会议修订通过。

新修订的《食品安全法》在很多方面进行了严格规定和创新。比如建立从中央到地方统一权威的监管机构,对生产、销售、餐饮服务等各环节实施最严格的全过程监管,并建立最严格的监管处罚制度,构成犯罪的,依法严肃追究刑事责任。新修订的《食品安全法》健全了食品安全风险监测、风险评估和食品安全标准等制度,强调预防为主和风险分级管理等要求。此外,新修订的《食品安全法》鼓励有奖举报,发挥社会监督作用,形成社会共治格局。

(二) 基本卫生与健康促进法

2019 年 12 月,我国通过了《中华人民共和国基本医疗卫生与健康促进法》,于 2020 年 6 月正式实施。这项法律旨在发展医疗卫生与健康事业,保障公民享有基本医疗卫生服务,提高公民健康水平,推进健康中国建设。内容涵盖基本医疗卫生服务、医疗卫生机构和人员、药品供应、健康促进等多个方面内容。规定公民享有健康权、获得健康教育、获得基本医疗卫生服务等权利。对于健康促进,该法要求医疗卫生、教育、体育、宣传等机构应当开展健康知识的宣传和普及,将健康教研员纳入国民教育体系;学校应当按照固定开设体育与健康课程利用多种形式实施健康教育、普及健康知识,提高学生主动防病的意识,培养学生良好的健康习惯,减少改善学生近视、肥胖等不良健康状况。强调"公民是自己健康的第一责任人",应主动学习健康知识,提高健康素养,加强自身健康管理。

(三)《"健康中国 2030"规划纲要》及《健康中国行动(2019—2030 年)》

为推进健康中国建设,提高人民健康水平,全力推进健康中国建设,2016 年,国务院印发《"健康中国 2030"规划纲要》。为促进纲要实施,2019 年,又出台《健康中国行动(2019—2030 年)》。

《"健康中国 2030"规划纲要》中提出,"共建共享、全民健康",是建设健康中国的战略主题。纲要提出了 2020 年和 2030 年"健康中国"建设的战略目标,从普及健康生活、优化健康服务、完善健康保障、建设健康环境、发展健康产业、健全支撑与保障、强化组织实施七方面内容为"健康中国"战略的具体实施方案和计划绘制了蓝图。

《健康中国行动(2019—2030 年)》依据《"健康中国 2030"规划纲要》的内容,提出了落实健康中国战略的十五个重大行动:健康知识普及行动、合理膳食行动、全民健身行动、控烟行动、心理健康促进行动、健康环境促进行动、妇幼健康促进行动、中小学健康促进行动、职业健康保护行动、老年健康促进行动、心脑血管疾病防治行动、癌症防治行动、慢性呼吸系统疾病防治行动、糖尿病防治行动和传染病及地方病防控行动。其中,"中小学健康促进行动"分别提出了到 2022 年和到 2030 年,我国学生体质健康的优良率达标标准,从个人、家庭、学校和社会四个角度提出了改善中小学生健康的具体措施和注意事项。

(四)中国食物与营养发展纲要

中国食物与营养发展纲要是为指导我国食物与营养持续、协调发展,由农业部、卫生部等多部门共同编写,国务院办公厅发布的纲领性文件。该纲要每十年发布一次,截至目前,已经发布了《九十年代中国食物结构改革和发展纲要》《中国食物与营养发展纲要(2001—2010 年)》和《中国食物与营养发展纲要(2014—2020 年)》(以下简称《纲要》)三个文件。目前已启动《中国食物与营养发展纲要(2021—2035 年)》的研究编制工作。

经过几十年的发展,我国农产品综合生产能力稳步提高,食物供需基本平衡,食品安全状况总体

中国食物与营养发展纲要
(2014—2020 年)

稳定向好,居民营养健康状况明显改善,食物与营养发展成效显著。但是,我国食物生产还不能适应营养需求,居民营养不足与过剩并存,营养与健康知识缺乏,《纲要》的制定就是为解决这些最新出现的问题。

《纲要》从总体要求、主要任务、发展重点和政策措施四个方面对我国当前阶段的食物发展提出了要求。提出了坚持食物数量与质量并重、坚持生产与消费协调发展、坚持传承与创新有机统一和坚持引导与干预有效结合的食物发展基本原则,制定了食物生产量、食品工业发展、食物消费量、营养素摄入量和营养性疾病控制五大发展目标,结合依据以上原则和目标提出了下一步发展的主要任务以及今后发展的重点产品、重点区域和重点人群,并提出了具有针对性的六点政策措施。

(五)《国民营养计划(2017—2030 年)》

近年来,我国人民生活水平不断提高,营养供给能力显著增强,国民营养健康状况明显改善。但仍面临居民营养不足与过剩并存、营养相关疾病多发、营养健康生活方式尚未普及等问题,成为影响国民健康的重要因素。今后 15 年是改善国民营养健康、减低疾病负担的关键战略期,为贯彻落实《“健康中国 2030” 规划纲要》,提高国民营养健康水平,助力健康中国建设和全面建成小康社会,2017年国务院办公厅印发了《国民营养计划(2017—2030 年)》。

该计划主要提出了未来我国营养健康事业发展的总体要求、实施策略和开展的重大行动。提出,到 2020 年,我国要将农村中小学生的生长迟缓率保持在 5% 以下,缩小城乡学生身高差别,学生肥胖率上升趋势减缓,居民营养健康知识知晓率在现有基础上提高 10%。到 2030 年,进一步缩小城乡学生身高差别,学生肥胖率上升趋势得到有效控制,居民营养健康知识知晓率在 2020 年的基础上继

续提高 10%。

计划提出，要开展"学生营养改善行动"，开展针对学生的"运动＋营养"的体重管理和干预策略，对学生开展均衡膳食和营养宣教，加强学生体育锻炼。加强对校园及周边食物售卖的管理。加强对学生超重、肥胖情况的监测与评价，分析家庭、学校和社会等影响因素，提出有针对性的综合干预措施。开展学生营养健康教育，推动中小学加强营养健康教育，结合不同年龄段学生的特点，开展形式多样的课内外营养健康教育活动。

（六）农村义务教育学生营养改善计划

为改善我国贫困农村儿童的营养健康状况、促进教育公平，2011 年 11 月国务院颁布了《国务院办公厅关于实施农村义务教育学生营养改善计划的意见》（以下简称"学生营养改善计划"），在中西部 22 个省集中连片特殊困难地区的 699 个国家试点县，中央财政为农村义务教育阶段学生提供营养膳食补助，每人每学习日 3 元，2014 年 11 月提升至 4 元，2021 年 9 月，又提升到 5 元。截至 2019 年底，中央财政累计安排膳食补助资金 1 472 亿元，全国受益学生达到 3 700 多万人，约占全国义务教育阶段学生总数的 1/4。根据联合国粮食计划署公布的数据，我国学生营养改善计划受益人数占世界第 4 位。

2012—2017 年度，学生营养改善计划实施的前五年，项目覆盖地区儿童的营养健康状况有所改善，各年龄段儿童平均身高和体重都逐年升高，学生贫血率逐年下降，学生食物摄入情况和饮食行为都有明显的改善。

（七）学生饮用奶计划

为改善我国中小学生的营养状况，保证青少年的健康成长，2000 年，农业部等七部委联合发布《关于实施国家"学生饮用奶计划"的通知》，决定在全国分步实施"学生饮用奶计划"，采取政府引导、政府扶持的方式，通过专项计划向在校中小学生提供由定点企业按国家标准生产的学生饮用奶。与通知一起出台的，还有《国家"学生饮用奶计划"实施方案》，确定了"学生奶计划"的分步实施策略和组织领导运作方案。

关于学生饮用奶，现阶段推广以生牛乳为原料加工，不使用、不添加复原乳及营养强化剂的超高温灭菌乳，以及以生牛乳为主要原料加工，不使用、不添加复原乳

及营养强化剂的灭菌调制乳。实施"学生饮用奶计划"的学校应在中国学生饮用奶计划网查找已经注册的"中国学生饮用奶生产企业"。

（八）《学生餐营养指南》

2017年，国家卫生计生委发布了卫生行业标准《学生餐营养指南》（WS/T 554—2017），主要规定了学校供餐中，6~17岁中小学生全天即一日三餐能量和营养素供给量、食物的种类和数量以及配餐原则等，适用于为中小学供餐的学校或供餐单位。指南中提出，中小学生一日三餐的配餐，要按照不同年龄段满足全天能量和营养素的供给标准，食物种类和数量也要达到相应要求，还要经常提供富含钙、铁和维生素 A 的食物，注意控油限盐，三餐时间要固定，要因地制宜地配餐，注意选择合理烹调方式等。《学生餐营养指南》的出台有助于提高学校食堂和供餐单位的供餐质量，是进一步保障我国儿童膳食营养的重要举措。

三、课堂实践与拓展

1. 请简要列举几个食品安全与营养健康方面的法律、法规、政策、标准等。
2. 学习《"健康中国 2030"规划纲要》《健康中国行动（2019—2030 年）》中关于食品安全和营养健康的内容，并在班级和家庭中进行讨论。

四、扩展阅读

食品安全谣言知多少

当前我国食品安全总体状况稳定向好，社会共治氛围日益浓厚。但由于食品安全的敏感性，传播媒介的多样性，舆论环境的复杂性，围绕食品安全的各类谣言时有发生，引发社会公众担忧和恐慌，影响了产业健康发展和公共安全。为此，十部门发布关于加强食品安全谣言防控和治理工作的通知，加强食品安全谣言防控和治理工作。

2019 年，全国食品安全宣传周，也要求开展食品安全谣言治理行动，组织开展食品安全谣言治理行动，

梳理食品安全谣言典型案例,研讨食品安全谣言治理措施,倡导科学理念,抵制谣言传播,提升全民食品安全科学素质和媒介素养,推动建立社会共治食品安全谣言机制。

近几年典型的食品安全谣言如下:

1. 食盐中的亚铁氰化钾有毒

亚铁氰化钾是联合国国际食品法典委员会允许使用的食品抗结剂,在我国也是一种合法的食品添加剂,国产食盐中的亚铁氰化钾长期食用不会给人体带来伤害。有些开封的食盐吸收空气中的水分容易结块影响外观,不方便食用,也不利于控制盐的摄入量。加入亚铁氰化钾抗结剂,便能使其保持松散的状态。按照国家标准,食盐中添加的亚铁氰钾抗结剂含量不得超过 10mg/kg,按照该标准推算,相当于每天要吃 3 两左右(150g,相当于三分之一袋)的食盐,才有可能造成慢性毒性。

2. 咖啡致癌

谣言产生的主要原因是咖啡烘焙后可能产生的具有致癌性的丙烯酰胺。食品中丙烯酰胺来源于美拉德反应的副产物,在很多常见食物中都存在,只要是通过烧烤、油炸、烘焙等方式烹饪的食物,总会产生丙烯酰胺。因此,食物含有丙烯酰胺与致癌之间远不能画等号。目前尚缺乏咖啡与人类致癌的相关性证据,国内外也没有国家或组织制定食品中丙烯酰胺的限量标准。建议应强化针对消费者的"剂量 - 效应关系"的公众科普;同时,相关部门应研究制定食品中丙烯酰胺污染控制规范,食品加工企业应改进生产工艺和条件,减少生产过程中丙烯酰胺的形成。

3. 醋可以软化血管

食醋是发酵食品,其主要成分是醋酸,而血管硬化的主要原因是血管中形成了粥样硬化斑块,血管弹性降低。醋在人体消化吸收过程中根本不会进入血管,过量喝醋反而会灼伤胃黏膜和食管。

4. 非洲猪瘟来袭,猪肉不能吃了

非洲猪瘟并非人畜共患病。猪是非洲猪瘟病毒唯一的自然宿主,近百年来没有一例人感染的情况。因此,现在可以说,人类不会感染非洲猪瘟病毒。非洲

猪瘟也不会对猪肉及其制品的食用安全造成影响。同时,患病猪肉也很难流入正规市场,消费者可以放心食用猪肉及其制品。

5. 喝牛奶致癌

纯属谣言。牛奶是世界公认的优质理想食物,可以提供优质蛋白质、钙等营养成分,而且含有多种生物活性物质,起到增强人体免疫力等多重功效,大家可以放心饮用。国内外的居民膳食指南均推荐摄入奶及奶制品,我国居民膳食指南推荐大家每天饮奶300g或相当量的奶制品。

6. 桃子西瓜一起吃会中毒等"食物相克"

西瓜、桃子的主要成分是水和果糖,没有包含任何有毒物质。高糖食物吃太多容易让肠胃功能不佳的人出现腹泻,这其实是因糖的渗透性使得胃肠道水分增多。实际上,现在已经有机构针对各种"食物相克"进行了临床试验,生活中所谓的"食物相克"都是不成立的。宣扬"食物相克"是没有科学依据的,只是说,有小部分食物成分之间可能会发生简单的结合,比如菠菜和豆腐。菠菜中含有草酸,豆腐中含有钙,草酸和钙结合形成草酸钙,容易导致结石形成。但菠菜在烹制过程中都会焯一下水,这就会大大减少草酸含量,也就几乎不会形成草酸钙了。